Y0-DUD-199

DISCARD

Chicago Public Library
Toman Branch
2708 S Pulaski
Chicago, Il 60623

DISCARD

Guía de cócteles
y picoteos

Raúl Correa Brahm

Guía de cócteles y picoteos

Sp/ TX 951 .C67 2004
Correa Brahm, Raul.
Guia de cocteles y
 picoteos /

Grijalbo

Guía de cócteles y picoteos

© 2004, Raúl Correa Brahm
© 2004, Random House Mondadori S.A.
        Monjitas 392, of. 1101, Santiago
        Teléfono: 782 8200 / Fax: 782 8210
        E-mail: editorial@randomhousemondadori.cl
        www.randomhousemondadori.cl

Queda rigurosamente prohibida, sin la autorización escrita de los titu-
lares del «Copyright», bajo las sanciones establecidas en las leyes, la
reproducción parcial o total de esta obra por cualquier medio o proce-
dimiento, comprendidos la reprografía y el tratamiento informático, y la
distribución de ejemplares de ella mediante alquiler o préstamo públicos.

Printed in Chile – Impreso en Chile

ISBN: 0-30734-340-5
Registro de Propiedad Intelectual: N° 143.738

Fotografía de portada: Carmen Gloria Escudero
Diagramación y composición: Salgó Ltda.
Impresión: Imprenta Salesianos S.A.

R03219 32142

Toman Branch
2708 S. Pulaski
Chicago, IL 60623

Dedico este libro a Carolina Ortúzar A., madre de mis cinco adorados hijos e inmejorable compañera en las buenas y en las otras también

Índice

Prólogo

Me llevé una grata sopresa cuando la importante editorial Random House Mondadori me invitó para que, bajo su profesional y multinacional alero, elaborara un libro de cócteles y picoteos.

Antes de contestarle, efectué un rápido recorrido por mis 52 bien vividos y disfrutados abriles, recordando mi niñez y adolescencia curicana y colchagüina. Tierras huasas, donde la amistad es un don con el que se nace, gracias a la sangre generosa que heredamos de esos viejos lindos, acampados, querendones, que privilegiaban el tiempo que se regalaban con sus seres queridos antes que amasar fortuna, y donde las puertas de sus casas estaban siempre abiertas y los hornos de las cocinas a leña o de barro calentándose para recibir las piezas de vacunos, cerdos o corderos y darles la mejor cocción para el deleite del invitado que llegó.

Aprendí lo que era también la sobremesa, bien conversada, entretenida, en confianza, donde se tocaba cualquier tema con la claridad o sutileza que ellos requerían. Porque para ser buen amigo, también hay que ser muy delicado y siempre "ponerse en el pellejo del otro", sabio dicho popular tan poco practicado en estos tiempos.

En esos años, siendo niño aún, me inicié en el arte de atender con cariño, de cocinar rico, de sacarle el jugo a los productos para obtener lo mejor de ellos. Con amor, todo sale mejor. Una preparación cualquiera va a quedar inmensamente superior si se hace con ganas, con interés, con el claro propósito de que la persona que la va a recibir, la disfrute y note la especial dedicación con que se elaboró, pensando en él. En caso contrario, mejor no invite ni menos cocine, porque todo le quedará desabrido, malito y fome. Se lo aseguro.

De mi corto y enriquecedor paso por Puyuhuapi, durante dos años, aprendí que con poco se vive muy bien y tranquilo. Linda gente la de ese encantador pueblito sureño. Lo que tienen lo brindan, lo ofrecen con sencillez y cálida espontaneidad. Pude también conocer profundamente el mar y los maravillosos recursos que produce, cual enorme, desinteresada, desmaterializada y por ende generosa fábrica de exquisiteces. Viví en contacto con los mariscos y los peces. Buceé, pesqué, pasé largos y geniales períodos en las islas que conforman el archipiélago de las Guaitecas, donde llegaban mis amigos colonos con centollas, ostras, erizos, almejas, caracoles, choros zapato, y otras delicatessen recién extraídas de las fértiles aguas del canal de Moraleda. Yo ponía el sauvignon blanc helado, ya que tenía la suerte y la exclusividad de contar con un generador enorme que daba para alimentar refrigeradores, termos y electricidad para convidarle a mis pescadores, que vivían en pequeñas casitas hechas de polietileno, enclavadas en las pedrosas playas o en los cerros aledaños. Qué esforzados y luchadores, sobre todo en ese clima donde el 70% del tiempo, llueve. Exporté merluza australis a España y en general tomé contacto directo con la flora y la fauna de esa preciosa e inigualable zona del país.

De mi largo paseo por Puerto Varas –y digo paseo, porque la considero la ciudad más linda de Chile (hay que amanecer ahí, contemplando el lago Llanquihue y el majestuoso volcán Osorno para no dudar de lo que digo)–, extraje todo lo que tiene relación con la cocina alemana y sus líquidos acompañantes. Bastante conocía ya por mi querida y difunta madre, la Nana Brahm, que del arte culinario de ese país sabía muchísimo, dado a sus orígenes.

Tengo por esas latitudes sureñas grandes amigos, ganados tras quince años de vivir ahí, con quienes conjugábamos en forma permanente los verbos dar y recibir. Aprendí de salmones, truchas, cecinas, carnes, aves de caza, cervezas y todo lo que entrega esa linda y nórdica gente que gracias a Dios vino a Chile, colonizando y convirtiendo en vergel productivo esa en otros tiempos agreste, inhóspita y despoblada tierra.

Dentro del recorrido efectuado en mi memoria, recordé de igual forma el importante paso por la Escuela Militar, que de tantos e incondicionales amigos provee hasta la muerte. Además rememoré el breve y voluntarioso paso por la Quinta Compañía de Bomberos, sus tristes y trabajados incendios, pero asimismo sus "manguereadas" reuniones de camaradería.

Me acordé de Puerto Montt, cuando estuve a cargo de la gastronomía del Hotel Pérez Rosales, con don Lorenzo siempre vigilante, quien lamentablemente nos dejó hace poco. Cuántas fiestas, cuántos eventos, cuántos matrimonios efectuamos ahí. Como si fuera poco, con Rolando creamos el restorán Los Galpones de Tenglo, en un parque dentro de la famosa isla del mismo nombre, frente al querido y pintoresco Angelmó, donde hacíamos curantos en hoyo y asados de cordero al palo. En mi recuerdo vi a cientos de turistas chilenos y extranjeros comiendo mariscos, milcaos y chapaleles, y sacando miles de fotos.

Se vino a mi memoria, además, un almuerzo para 500 personas que hice en el fuerte Niebla, en Valdivia, en honor al Presidente de Alemania de esa época, Richard Von Veiszeker (o algo parecido), donde no había ni agua. Tuvimos que llevar todo. Nos peleábamos por una foto con él y en la noche llegó a comer sin aviso ni reserva previa al restorán que yo tenía en Puerto Varas por esos tiempos. Qué tipo agradable y sencillo, como todos los grandes. Los pequeños son los arrogantes, los engreídos, los de poca cultura y mucho dinero... usted sabe.

Rememoré también un almuerzo que me encargó José Antonio Garcés para atender en su veraniega casa del lago Llanquihue, nada menos que a Jimmy Carter, "gústele o no le gústele", pero es ex Presidente de los Estados Unidos de Norteamérica. Le hice, entre otras cosas, un chupe de locos –con la colaboración de Carolina, mi señora, que es gran cocinera y mejor compañera–, ante el que don Jimmy no se chupaba los bigotes sólo porque no tenía.

Recordé tantos programas de televisión en la Universidad Católica de Valparaíso, donde invitaba a almorzar a mi restorán Raúl Correa & Familia a conocidas personalidades del quehacer nacional y donde la buena conversa era siempre bien acompañada de deliciosos aperitivos y picoteos.

En mi recuerdo están también los innumerables almuerzos y comidas con mis apreciados amigos y colegas con quienes conformo la agrupación Las Tocas Negras. Somos un reducido grupo de empresarios gastronómicos que tiene a Coco Pacheco como presidente vitalicio, y en el que además de planificar algunas colaboraciones a ciertas instituciones de beneficencia, practicamos la amistad y conversamos de todo lo que a gastronomía se refiere. Vamos rotando los restoranes y cada uno se esmera por ofrecer lo mejor a sus colegas, ya que además somos bien peladores. El resultado es una entretenida reunión "comestible y bebestible" donde se aprende cada vez algo rico y nuevo.

Recordé las interesantes conversaciones de temas culinarios, entre otros, que se han dado en mi programa *Conversando de todo un poco*, en radio Agricultura. A través de ellas hemos llevado la gastronomía a su máxima expresión con distintos chefs y empresarios del rubro y con otros que sin pertenecer a él saben mucho de la buena mesa, como mi amigo y gran escritor Enrique Lafourcade, conocido también como El Conde Lafourchette.

Rememoré tantos largos almuerzos, de esos en que uno cree que está arreglando el mundo, en restoranes como el Omar Kayham; el Centro Libanés; El Parrón (hoy resucitado, gracias a Dios y a Jorge Grinspun); donde Doña Tina; en Las Delicias de Barnechea; en Las Delicias de Quirihue; en El Chancho con Chaleco; en los Puchos Lacios (¿se acuerdan?); en el San Remo, de Cuevas con Avda. Matta; en Los Buenos Muchachos, de mi amigo Nacho Vivanco; en El Mesón de la Novia; en las parrilladas La Cholita; en el Aquí está Coco, de mi compadre Pacheco; en El Otro Sitio, del gran Cholo Pescheira; en el Eladio, del genial Mondiglio; en el Prego, del mendocino y simpático Carlitos Boni; en El Rincón del Gaucho, de La Reina; en La Cocina de Javier (ya ni voy donde ese viejo maravilloso porque nunca me deja pagar); en el Mercado, donde el encantador y exitoso Augusto; en el Wok House; en Los Gordos, escuchando cantar a la Patricia, esa gorda exquisita junto a Enrique (que en paz descanse, que merecido lo tiene); en La Hermosa Casona de Chinquihue, en Puerto Montt; en el Fogón de Cotelé en Pelluco, también en Puerto Montt, donde se comen las mejores carnes de Chile y tal vez del mundo; en Los Tocones al lado del Cotelé; en la Chamaca de Puerto Varas; en el Club Alemán de la misma ciudad; en el mismo de Frutillar; en el Canta Rana de Ensenada, hoy también instalado como Rincón Austriaco en Viña, donde me como unos goulash con spezzle inigualables cada vez que voy a la ciudad jardín; en

Las Brasas, de Osorno; en El Guata Amarilla, de Valdivia, vaya nombre… y para qué seguir.

Con tantos buenos, regados y bien comidos recuerdos, ustedes comprenderán que me atreví a decir que sí a Random House Mondadori. Y aquí estoy, escribiendo el prólogo de lo que es mi libro de cócteles y picoteos. No quise incursionar en recetas de cocina propiamente tales, ya que para eso existen muchos libros y muy buenos.

Espero que estos modestos apuntes, hechos con mucho cariño, sean de vuestro agrado y les sean útiles y prácticos, pues los hice pensando en cuando lleguen amigos a mi casa y no esté preparado para atenderlos. Aquí encontrará recetas tanto de cócteles como de picoteos, sencillas, fáciles de hacer y con productos y/o ingredientes conocidos, que por lo general tenemos en casa o los encontramos en el supermercado más cercano.

Agradezco a la editorial que haya pensado en este barman y cocinero para esta entretenida labor. Soy un hombre agradecido de su país, de su familia, de sus amigos, de sus clientes y en general, de la vida.

No pretendo que el libro sea ni genial ni demasiado moderno, ni demasiado innovador, ni demasiado creativo. Me basta con que sea práctico y dé solución a situaciones inesperadas y, con mayor razón, a las esperadas.

Que lo disfruten y que les sirva, son mis sinceros deseos.

Clasificación de cócteles

He querido efectuar una simple y tradicional clasificación de cócteles de acuerdo a las características de los ingredientes y al efecto que producen en nuestro organismo.

APERITIVOS   Tragos cortos, fuertes, a veces cítricos y básicamente estimuladores del apetito. Sugiero servir antes de sentarse a la mesa, con o sin picoteos pero, si se decide acompañarlos, es recomendable que estos ayuden a neutralizar un poco el alcohol. Los aperitivos que se toman con el estómago vacío son los que después producen "estragos" en la sensibilidad, en la motricidad y a veces hasta en el "ministerio".

BAJATIVOS   Tragos cortos, generalmente dulces y digestivos para servir después de las comidas.

REFRESCANTES   Tragos largos, más suaves, efervescentes, frutales. Apropiados para servirlos un par de horas antes de las comidas.

Esto es en líneas muy generales, ya que en estos tiempos cada cual bebe lo que quiere y a la hora que quiere, lo que me parece muy respetable. Las cepas tintas acompañando ostras, por ejemplo, hoy se usan bastante. Otrora era pecado mortal. He visto amigas tomar pisco sour después de almuerzo, felices de la vida. Si son felices, lo demás ¿qué importa?

En cuanto a qué tipo de vasos o copas usar, lo dejaré a vuestro criterio, pues cada dueña de casa tiene sus preferencias y en eso no me meto. A veces son feísimas pero eran de la mamá, por ejemplo, o se las trajeron de México o de cualquier otro lugar. Y sobre gustos no hay nada escrito. Sólo sugeriré usar vaso corto o largo. Los cortos pueden ser la típica tulipa, la tipo coñac, la champañera o varias más. Los largos también tienen distintas formas, tamaños, capacidades, colores, en fin. Elija usted el que más le guste o el que tenga a mano. Yo me contento con hacerle algunas sugerencias para "echarle adentro".

En cuanto a adornos, no haré ni sugerencias siquiera, aparte de la rica, bonita y colorida guinda marrasquino o las tradicionales, inofensivas y prácticas rodajitas de limón o naranja, ya que lo que algunos encuentran precioso, a otros les parece horrible o, lo que es peor, siútico. Personalmente, prefiero los vasos y copas sin adornos o con los básicos antes mencionados. Privilegio los aromas, los sabores y el colorido. Este último, de por sí, es un lindo y natural adorno.

Tragos

CACHAZA

Andanzas
APERITIVO

Ingredientes:

3   medidas de cachaza
2   medidas de vermouth blanco
1   medida de triple sec
hielo picado

Preparación:

Prepare en una coctelera
con abundante hielo picado.
Revuelva y sirva en vaso chico.

Caipirinha
APERITIVO

Ingredientes:

1   medida de cachaza
3   limones de pica maduros
azúcar flor
hielo picado

Preparación:

Lave bien los limones, córtelos
en 4, póngalos en un vaso y
aplástelos con un mortero hasta
que entreguen su jugo. Agregue
el azúcar flor dejando macerar
unos minutos. Llene el vaso de
hielo picado y luego rellene con
la cachaza. Revuelva bien para
que se mezclen los ingredientes.

Este es un rico trago original del hermoso Brasil. Me imagino a Vinicius de Moraes con una caipirinha en la mano y un lápiz en la otra, componiendo "La chica de Ipanema", en compañía de alguna linda "garotihna".

CHAMPAÑA

Cazuela en champaña (8 personas)
REFRESCANTE

Ingredientes:

1 botella de champaña
½ kilo de chirimoyas o frutillas
1 copa de cointreau
1 copa de ron
1 cucharada de azúcar flor

Preparación:

Machaque la fruta pelada, agregue el azúcar flor, el cointreau, el ron y deje macerar por 30 minutos. Distribuya esta preparación en cada copa y rellene con la champaña bien helada.

Champaña alegre
REFRESCANTE

Ingredientes:

1 medida de triple sec
3 medidas de champaña
½ medida de jugo de naranja
½ medida de jugo de limón
hielo

Preparación:

Junte todos los ingredientes y revuelva con hielo. Sirva en vasos largos.

*Las mezclas son entretenidas, salvo en lo social, "pos mi ñato". Los licores dan la posibilidad de mezclarlos formando sabores nuevos, originales y muchas veces inéditos. Pruebe, porque a lo más tendrá que botar su desafortunada mezcla. Pero, si le apunta, se sentirá el barman de la película **Cóctel** o algo así. Suerte.*

Champaña con frutillas
REFRESCANTE

Ingredientes:

1 medida de champaña helada
2 frutillas maduras molidas
1 cucharada de coñac
azúcar flor

Preparación:

Macere las frutillas con el coñac y el azúcar, durante media hora. Ponga las frutillas molidas en una copa y agregue champaña muy fría. Sirva en copas champañeras.

Champaña familiar (12 personas)
REFRESCANTE

Ingredientes:

½ taza de coñac
2 botellas de champaña
1 piña cortadas en cubitos
24 frutillas bien maduras partidas en 2 ó 4, según el tamaño
1 taza de azúcar
½ taza de jugo de limón

Preparación:

Macere la fruta con el coñac, el jugo de limón y el azúcar durante media hora. Agregue la champaña bien helada, revuelva levemente y sirva.

Cóctel de champaña
BAJATIVO

Ingredientes:

1 medida de coñac
1 medida de grand marnier
4 medidas de champaña
3 gotas de amargo de angostura
hielo

Preparación:

En una coctelera con hielo, mezcle todos los ingredientes menos la champaña. Sirva en una copa champañera y agregue la champaña.

Me encanta la champaña, porque es sinónimo de fiesta, celebraciones y alegría en general. Además, se puede brindar con ella a toda hora. Es suave, refrescante, efervescente, sana, de delicada textura y de fino sabor. Se puede brindar también "antes de aquello" o "después de aquello". ¿Qué más se le puede pedir?

Cóctel de champaña 2
APERITIVO

Ingredientes:

3 medidas de champaña helada
gotas de amargo de Angostura
1 golpe de brandy
1 terrón de azúcar

Preparación:

Ponga el terrón de azúcar en una copa tipo flauta, humedézcalo con amargo de Angostura y añada el brandy y la champaña.

Francés alegre
REFRESCANTE

Ingredientes:

3 medidas de champaña
1 medida de gin
½ medida de jugo de limón
½ medida de jugo de naranja
1 cucharadita de azúcar

Preparación:

Mezcle el jugo de limón, el de naranja, el gin y el azúcar. Revuelva con hielo y rellene con champaña. Sirva en vaso largo.

Kir royal
APERITIVO

Ingredientes:

champaña helada
1 cucharada de crema de cassis

Preparación:

Ponga la crema de cassis en una copa tipo flauta y llene con champaña.

Ponche a la romana
REFRESCANTE

Ingredientes:

3 medidas de champaña
1 porción de piña natural
  licuada
½ medida de coñac
1 cucharada de helado de
  piña

Preparación:

Ponga en una copa de
champaña una cucharada de
helado, luego agregue el resto
de los ingredientes previamente
mezclados de manera delicada,
para evitar que se vaya el gas de
la champaña.

Aunque está pasado de moda, es un grato y refrescante cóctel, infaltable en los matrimonios de antaño y en algunos de hoy. Lo recomiendo por lo sano, para una familiar tarde de domingo. Así, el nuevo pololo de su hija regalona no se "extralimita" en los grados alcohólicos. ¿Ha visto algo más irresistible?

GIN

Atardecer
REFRESCANTE

Ingredientes:

1 medida de gin
1 medida de jugo de naranja
¼ de medida de goma
hielo en cubos

Preparación:

Ponga los cubos de hielo en un vaso largo y agregue los ingredientes.
Revuelva y sirva.

Fresco y agradable, como para contemplar una puesta de sol en la playa acompañado sólo por la persona que ama. Luego… todo pasando.

Blanca estela
APERITIVO

Ingredientes:

2 medidas de gin
1 medida de cointreau
1 medida de jugo de limón
hielo picado

Preparación:

Mezcle los ingredientes con el hielo picado en una coctelera, agite unos segundos y sirva en una copa previamente enfriada.

Casino real
APERITIVO

Ingredientes:

2 medidas de gin
2 marrasquinos
½ medida de licor de naranja
½ medida de jugo de limón
hielo en cubos

Preparación:

Mezcle los ingredientes y agite en la coctelera junto con el hielo en cubos. Sirva frío.

Clarissa
APERITIVO

Ingredientes:

1 medida de gin
1 medida de vermouth
¼ de medida de brandy
hielo picado

Preparación:

Mezcle todo en una coctelera
con hielo picado, agite y sirva.

Club
APERITIVO

Ingredientes:

1 medida de gin
½ medida de granadina
½ medida de jugo de limón
1 clara de huevo
hielo picado

Preparación:

Ponga todos los ingredientes
en una coctelera. Agite fuerte y
sirva.

Aprovecho el nombre de este cóctel, para recordar al que fuera el dueño del conocido restorán El Club, en avenida El Bosque y en BordeRío, Eugenio Délano, un gordo cariñoso y querido por todos los que tuvimos la suerte de conocerlo. Algún simpático desorden debes tener, Gino, en el lugar en que estés. Ya volveremos a brindar juntos.

El del barman
REFRESCANTE

Ingredientes:

1 medida de gin
2 medidas de jugo de piña
hielo en cubos
piña para decorar

Preparación:

Ponga los ingredientes en un vaso largo, revuelva y sirva frío. Decore con un trozo de piña.

Generoso
REFRESCANTE

Ingredientes:

1 medida de gin
1 medida de granadina
1 medida de tequila
1 medida de ron blanco
1 medida de vodka
1 medida de jugo de naranja
½ chirimoya picada
4 frutillas
hielo en cubos
1 cucharada de azúcar

Preparación:

Corte las frutillas y las chirimoyas en cuadritos y deje macerando con el azúcar por unos 30 minutos. Junte todos los líquidos en un jarro, agregue el hielo en cubos, revuelva con una cuchara y agregue la fruta.

Como el nombre lo indica, es un generoso y grato cóctel para degustar con esos amigotes del club de Toby, o ese grupito del dudo o del dominó que "tanto le gusta a su señora", especialmente cuando "se lo toman todo".

Gin alegre
REFRESCANTE

Ingredientes:

2 medidas de gin
½ medida de jugo naranja
ginger ale a gusto
hielo en cubos

Preparación:

Mezcle el gin, el jugo de naranja
y el hielo en un vaso alto.
Agregue ginger ale a gusto y
sirva frío.

Gin tonic
REFRESCANTE

Ingredientes:

1 medida de gin
1 medida de agua tónica
1 cucharadita de jugo de limón
1 rodaja de limón
unas gotas de amargo de
Angostura
hielo en cubos

Preparación:

Mezcle todo en un vaso y sirva
muy frío.

*¿Quién no se ha tomado un gin tonic alguna vez? Antiguo y tradi-
cional trago largo o combinado, como le llaman también. Me trae
recuerdos del doctor Ortúzar, mi suegro. Yo iba a pololear con
su hija, pero antes me tomaba un gin tonic con su papá. Salud,
suegrito; y que viva muchos años más.*

Marciano verde
REFRESCANTE

Ingredientes:

1 medida de gin
1 medida de crema de menta
2 medidas de jugo de frutas
   tropicales
hielo picado

Preparación:

Mezcle los ingredientes con el hielo picado en una coctelera, agite unos segundos y sirva.

Martini
APERITIVO

Ingredientes:

1 medida de gin
1 cucharadita de martini dry
1 aceituna verde
1 palito de cóctel
1 cubo de hielo

Preparación:

Moje las paredes de la copa con el martini dry. Agregue la aceituna pinchada en un palito de cóctel. Lleve el gin a una coctelera con el cubo hielo y bata 10 segundos para dejarlo un poco más suave. Llene la copa con este gin muy helado. Lo ideal es mantenerlo en el freezer, porque el gin no se congela.

Es un delicioso incentivador del apetito. Muy solicitado por "profesionales en la materia". Se recomienda no tomar más de uno.

Mono porfiado
REFRESCANTE

Ingredientes:

3 medidas de gin
2 medidas de jugo de naranja
1 medida de granadina
½ medida de anís
hielo picado

Preparación:

Mezcle los ingredientes con el hielo picado en una coctelera, agite unos pocos segundos y sirva en un vaso largo con hielo.

Este es un rico trago con el sabor y aroma inconfundible del anís. Es bastante versátil, ya que se puede servir como aperitivo, cóctel o bajativo.

Paraíso
APERITIVO

Ingredientes:

2 medidas de gin
1 medida de brandy
1 medida de jugo de naranja
azúcar a gusto
hielo en cubos

Preparación:

Ponga los cubos de hielo en un vaso largo, agregue los ingredientes, revuelva y sirva. Al rato, se sentirá en el paraíso.

Verde

BAJATIVO

Ingredientes:

1 medida de gin
¼ cucharada de jugo de limón
hielo en cubos
½ medida de crema de menta
1 ramita de menta fresca

Preparación:

Ponga todo en una coctelera, agite bien y sirva en un vaso previamente refrigerado. Decore con la ramita de menta.

La verdad es que este no es uno de mis tragos preferidos, pero cuando uno quiere variar, es una buena alternativa. Lo recomiendo como bajativo, acompañado de un queso fuerte.

Verde esperanza

BAJATIVO

Ingredientes:

2 medidas de gin
2 medidas de vermouth
2 medidas de licor de menta
hielo picado

Preparación:

Mezcle todo en una coctelera, agite bien, y sirva en copa chica.

Viendo estrellas
APERITIVO

Ingredientes:

2 medidas de gin
1 medida de drambuie
½ medida de jugo de limón
½ de medida de granadina
1 clara de huevo
hielo en cubos
1 marrasquino verde

Preparación:

Ponga el marrasquino en la copa, atravesado por un pincho. Coloque todos los ingredientes en una coctelera, bata y sirva.

Universo
APERITIVO

Ingredientes:

3 medidas de gin
1 medida de vermouth
½ medida de curazao
½ medida de cointreau
hielo en cubos

Preparación:

Mezcle todo en una coctelera, cuele para separar el hielo y sirva en vaso chico.

Buen aperitivo este, bastante fuerte, eso sí, por lo que es recomendable servir en copa chica. Acompañe con aceitunas grandes y abundantes. Algo ayuda a neutralizar el alcohol.

PISCO

Lychee sour
APERITIVO

Ingredientes:

3 medidas de pisco sour de 35 grados
1 medida de jugo de lychee
1 lychee
½ cucharadita de azúcar flor
1 cubo de hielo

Preparación:

Mezcle todos los ingredientes en una juguera, cuele y sirva en un vaso chico.

El lychee es un fruto oriental que tiene un sabor delicioso. Es poco conocido en Occidente y por ello impactará a sus invitados, sobre todo a esa amiga medio "peladorcilla" que no encuentra nada original.

Macho sour
APERITIVO

Ingredientes:

3½ medidas de pisco de 35 grados
½ medida de jugo de limón
½ medida de jugo de kiwi
5 gotas de ají tabasco
1 cucharadita de azúcar flor
¼ de clara de huevo
1 cubo de hielo

Preparación:

Mezcle todos los ingredientes en la juguera y sirva muy frío.

El kiwi le da un sabor especial y un hermoso color. El ají le da un toque genial, perfecto para una fría y conversada noche de julio. Acompáñelo de un queso camembert frito sobre unas delgadas y crujientes tostaditas de marraqueta, pan francés, pan batido o algunas de sus denominaciones.

Mandarina sour
APERITIVO

Ingredientes:

3 medidas de pisco de
  35 grados
1 medida de jugo de mandarina
1 a 2 cucharaditas de azúcar flor
1 cubo de hielo

Preparación:

Mezcle los ingredientes en una
coctelera, bata y sirva muy frío.

*La mandarina es un cítrico maravilloso, con cuerpo, mucho sabor
y elegante color.*

Mango sour
APERITIVO

Ingredientes:

3 medidas de pisco de
  35 grados
1 medida de pulpa de mango
½ medida de jugo de limón
1 cucharadita de azúcar flor
1 cubo de hielo

Preparación:

Mezcle los ingredientes en una
coctelera, bata y sirva muy frío.

*Es un exquisito aperitivo con el sabor cálido y tropical del mango,
que nos traslada a la sensualidad y belleza del paisaje brasileño.*

Pisco sour
APERITIVO

Ingredientes:

3 medidas de pisco de 35 grados

1 medida de jugo de limón

2 cucharaditas de azúcar flor

¼ clara de huevo

1 cubo de hielo

Preparación:

Mezcle los ingredientes en una coctelera, bata y sirva muy frío.

Este es, sin duda, el trago nacional más representativo y consumido. Recomiendo acompañarlo de maní, almendras, castañas de cajú, galletas de cóctel con queso roquefort y, en general, de picoteos con sabores fuertes y de preferencia salados.

Pisco sour de coco y mango
APERITIVO

Ingredientes:

2 medidas de pisco de 35 grados

½ medida de leche de coco

½ medida de pulpa de mango natural

¼ medida de goma

¼ medida de jugo de limón

cáscara de limón en juliana

1 clara de huevo

hielo picado

Preparación:

Ponga en una coctelera todos los ingredientes. Agite enérgicamente. Sirva en copas largas y decore con la cáscara de limón en juliana.

Pisco sour de mi hermana curicana (6 personas)

APERITIVO

Ingredientes:

1 botella de pisco de
   35 grados
250 cc de jugo de limón
1 rodaja de naranja con cáscara
1 a 2 cucharaditas de azúcar flor

Preparación:

Mezcle los ingredientes y bátalos en una juguera. Cuele bien para separar la cáscara de la naranja. Guárdelo en el freezer en una botella.

Este pisco sour tiene varias ventajas comparativas: la naranja le da una textura y un color especial y agradable; no lleva hielo, por lo que su sabor es más concentrado; lo puede mantener semi-congelado –el alcohol no se congela fácilmente–, para usarlo en cualquier momento si llegan visitas inesperadas. Se descongela en un par de minutos dejando correr un poco de agua tibia sobre la botella o frasco en que se ha guardado, batiendo suavemente.

Pisco sour peruano
APERITIVO

Ingredientes:

4 medidas de pisco de 35
grados (si es peruano, mejor)
1 medida de jugo de limón de
pica o sutil (maduro, amarillo)
1 cucharadita de goma
¼ de clara de huevo
1 cubo de hielo
unas gotas de amargo de
Angostura

Preparación:

Mezcle todos los ingredientes
(menos el amargo) en una
juguera hasta que el cubo de
hielo quede molido pero algo
resistente. Agregue las gotas de
amargo cuando el pisco sour
esté servido en la copa, pues
aporta a la decoración y le brinda
un sabor rico.

Este es un gran pisco sour. Mi amigo Emilio Pescheira, del restorán Otro Sitio, los hace maravillosos. Discutimos siempre si el pisco es peruano o chileno, pero eso no importa. Lo relevante es lo rico que es ese bendito brebaje, ya sea en el querido Perú o en nuestro amado Chilito. Los peruanos usan mucho el "catedral", que es el mismo sour pero en una copa más grande. En chileno, una buena chiva para tomar más.

Piscoco
BAJATIVO

Ingredientes:

2 medidas de pisco de 35 grados
2 medidas de leche de coco
4 medidas de leche evaporada
2 cucharadas de coco rallado
azúcar a gusto
hielo picado

Preparación:

Ponga todos los ingredientes en
una juguera. Licue y sirva con
hielo picado.

Pomelo sour
APERITIVO

Ingredientes:

3 medidas de pisco de 35 grados
1 medida de jugo de pomelo
½ medida de goma
½ medida de jugo de plátano
ralladura de pomelo para decorar
hielo

Preparación:

Licue todos los ingredientes
en una juguera. Sirva en copas
de pisco sour y decore con la
ralladura de pomelo.

Serena sour
APERITIVO

Ingredientes:

3 medidas de pisco de
   35 grados
1 medida de jugo de papaya
1 medida de jugo de limón
½ cucharadita de azúcar flor
1 cubo de hielo

Preparación:

Mezcle los ingredientes en una
coctelera, bata y sirva muy frío.

Según mi opinión, este debería ser el trago nacional ya que la papaya es chilena y el pisco también, aunque no piensen igual nuestros vecinos del norte. Es recomendable servirlo acompañado de quesos, pues el sabor de la papaya es mucho más suave que el del limón.

RON

Alexander
BAJATIVO

Ingredientes:

2 medidas de ron blanco
2 medidas de crema de cacao
2 medidas de leche evaporada
canela molida
hielo

Preparación:

Mezcle todos los ingredientes en una coctelera con hielo, sirva en copa de cóctel, espolvorear con la canela molida.

Tradicional y suave en cuanto a grados alcohólicos. A mi parecer, pesado por la crema. Pero cada uno sabe dónde le aprieta el zapato. Yo de cremas, no uso ni la Nivea, por si acaso.

Bombazo
BAJATIVO

Ingredientes:

2 medidas de ron
1 medida de kahlua
2 medidas de bebida cola
hielo en cubos

Preparación:

Sirva los ingredientes en un vaso largo con hielo en cubos.

Cuarteta

BAJATIVO

Ingredientes:

1 medida de ron
2 medidas de cointreau
1 medida de brandy
1 medida de limón
hielo picado

Preparación:

Mezcle en la coctelera con hielo picado, agite y sirva en copa de champaña.

Cubano

BAJATIVO

Ingredientes:

2 medidas de ron
1 medida de leche condensada
1 medida de jugo de plátano
ralladura de chocolate blanco
hielo en cubos

Preparación:

Lleve todo a la licuadora y sirva en un vaso largo. Ponga encima la ralladura de chocolate blanco.

Prepárese este trago y transpórtese a las cálidas noches de La Habana Vieja.

Daiquiri
APERITIVO

Ingredientes:

3 medidas de ron
1 medida de jugo de limón
azúcar a gusto
hielo picado

Preparación:

Mezcle todo con hielo picado en una coctelera, agite unos segundos y sirva muy frío.

Dulces sueños
REFRESCANTE

Ingredientes:

5 medidas de ron
2 medidas de tequila
2 medidas de granadina
1 medida de jugo de limón
hielo en cubos

Preparación:

Mezcle todos los ingredientes en un vaso largo con hielo en cubos y revuelva.

Trago ideal para soportar la soledad y, como su nombre lo dice, sumergirse en el hermoso y privado mundo de los sueños. Sin abusar si, porque si se descuida, también puede entrar en el poco hermoso mundo de la cirrosis.

María bonita
REFRESCANTE

Ingredientes:

2 medidas de ron
1 medida de jugo de piña
   natural
¼ medida de granadina
¼ medida de jugo de
   marrasquino
hielo en cubos

Preparación:

Prepare en una coctelera, con
poco hielo, bata y sirva.

Mojito
REFRESCANTE

Ingredientes:

2 medidas de ron blanco
1 rama de menta o hierbabuena
   fresca
½ medida de jugo de limón
1 medida de agua mineral
   gasificada
azúcar a gusto
hielo picado

Preparación:

Ponga en un vaso largo las
hojas de hierbabuena o de
menta fresca y previamente
machacadas en un mortero, para
que suelten aroma y sabor. Llene
¾ del vaso con hielo picado.
Agregue el jugo de limón, el
ron, el agua mineral y el azúcar.
Revuelva con una cuchara larga
y sirva muy frío.

*Este es un rico trago cubano que se consume bastante en nuestro
país, especialmente en verano. Me imagino a Fidel con un mojito
en la mano izquierda y un habano en la derecha. O seguramente,
con los dos en la izquierda.*

Piña colada
BAJATIVO

Ingredientes:

3 medidas de ron
1 medida de jugo de piña
2 medidas de leche de coco
1 medida de crema líquida
hielo picado

Preparación:

Mezcle en una coctelera, con hielo picado, agitando rápidamente durante unos segundos. Sirva en una copa grande.

Planters
REFRESCANTE

Ingredientes:

2 medidas de ron
1 medida de jugo de naranja
¼ medida de jugo de limón
azúcar a gusto
hielo picado

Preparación:

Mezcle con hielo picado en una coctelera, bata y sirva.

Rico-coco
BAJATIVO

Ingredientes:

3 medidas de ron blanco
3 medidas de leche de coco
1 medida de leche condensada
azúcar flor a gusto
hielo en cubos

Preparación:

Bata todo en la coctelera con hielo y sirva frío.

Ron rosado
APERITIVO

Ingredientes:

3 medidas de ron
1 medida de jugo de limón
¼ medida de granadina
hielo picado

Preparación:

Prepare en una coctelera
con hielo picado, agite unos
segundos y sirva.

Ronduro
REFRESCANTE

Ingredientes:

1 medida de ron añejo
1 medida de jugo de durazno
hielo picado

Preparación:

Ponga los ingredientes en un
vaso largo, revuelva y sirva.

Varadero
APERITIVO

Ingredientes:

1 medida de ron
1 medida de martini blanco
1 medida de jugo de naranja
hielo picado

Preparación:

Mezcle todos los ingredientes en
una coctelera, agite bien y sirva
bien helado.

Zombie
REFRESCANTE

Ingredientes:

1 medida de ron blanco
1 medida de ron dorado
1 medida de jugo de piña
1 medida de jugo de limón
azúcar flor a gusto
hielo picado

Preparación:

Prepare batiendo todos los ingredientes en una coctelera con el hielo picado. Al servir ponga azúcar flor en los bordes de la copa.

TEQUILA

Acapulco
REFRESCANTE

Ingredientes:

2 medidas de tequila
1 medida de ron
3 medidas de jugo de naranja
azúcar a gusto
hielo

Preparación:

Sirva los ingredientes en vaso alto con hielo e impregne el borde con azúcar flor.

Trago rico. Lo he tomado en la casa de John Ibáñez. Como va mucho a México, me llega con la s novedades. Bien Juanito por lo que me has enseñado de la gastronomía mexicana y de otras cosas tanbién.

Acapulco dorado
BAJATIVO

Ingredientes:

4 medidas de tequila
2 medidas de jugo de limón
1 cucharadita de miel
hielo picado

Preparación:

Ponga todo en un vaso o copa chica con el hielo picado. Revuelva y sirva.

Lo conocí en mi México "lindo y querido", como dice la canción. Me recuerda a unas queridas amigas de allá, chiquillas encantadoras, la Juanita y la Patricia. Volveré, mis queridas chaparritas, y brindaremos con esos tequilas tan buenos que ustedes tienen por esos lados.

Bomba atómica
BAJATIVO

Ingredientes:

3 medidas de tequila
1 medida de licor de menta
hielo picado

Preparación:

Mezcle vigorosamente en una coctelera y sirva en un vaso con hielo picado hasta la mitad.

Chaparrita
BAJATIVO

Ingredientes:

3 medidas de tequila
1 medida de kahlua
bebida cola a gusto
hielo en cubos

Preparación:

Vierta los ingredientes en un vaso grande con cubos de hielo. Revuelva y sirva.

Cerveza del diablo
REFRESCANTE

Ingredientes:

½ botella de tequila
4 latas de cerveza
1 taza de granadina
4 botellas chicas de agua
    mineral con gas
1 cucharadita de ají tabasco
azúcar a gusto
hielo en cubos

Preparación:

Mezcle todos los ingredientes en un jarro. Revuelva y sirva frío.

Cucaracha mexicana
BAJATIVO

Ingredientes:

1 medida de tequila
1 medida de licor de licor de café

Preparación:

Ponga los ingredientes en un vaso o copa gruesa. Caliente por la parte superior del vaso con un fósforo y estando con fuego introduzca una bombilla y bébalo rápidamente hasta terminarlo.

Daiquiri tequila
APERITIVO

Ingredientes:

1 medida de tequila
1 medida de jugo de limón
azúcar a gusto
sal
hielo picado

Preparación:

Lleve todo a la coctelera, bata y, al servir, ponga sal en los bordes de la copa.

Emiliano Zapata
APERITIVO

Ingredientes:

1 medida de tequila
¼ medida de jugo de limón
unas gotas de ají tabasco
azúcar a gusto
hielo

Preparación:

Ponga todo en la coctelera, bata y sirva muy frío.

Lupita
REFRESCANTE

Ingredientes:

2 medidas de tequila
1 medida de jugo de frutillas
1 medida de piña colada
¼ medida de jugo de limón
hielo picado

Preparación:

Ponga todo en un vaso largo.
Revuelva y sirva.

Margarita
APERITIVO

Ingredientes:

3 medidas de tequila
½ medida de triple sec
1 medida de jugo de limón
hielo picado

Preparación:

Humedezca el borde del vaso
con jugo de limón y páselo por
sal para que se impregne en los
bordes. Bata los ingredientes en
una coctelera con hielo picado
y sirva.

Típico y agradable trago mexicano. El tequila es buenísimo y con jugo de limón, mejor aún. Además lo suaviza. Es recomendable acompañarlo de picoteos con sabores fuertes y definidos.

México lindo
REFRESCANTE

Ingredientes:

1 medida de tequila
1 medida de jugo de limón
¼ de medida de curazao
1 marrasquino
azúcar a gusto

Preparación:

Prepare en una coctelera con hielo picado. Sirva en una copa previamente enfriada y decore con un marrasquino.

Mexicola
REFRESCANTE

Ingredientes:

1 medida de tequila
1 medida de jugo de lima
1 medida de bebida cola
hielo en cubos

Preparación:

Sirva mezclando todo con el hielo en un vaso alto.

Tequila macho
REFRESCANTE

Ingredientes:

5 medidas de tequila
2 medidas de jugo de limón
1 medida de agua mineral
gasificada
ají tabasco
azúcar a gusto
hielo en cubos

Preparación:

Ponga todo en un vaso largo con hielo, al final incorpore el agua. Revuelva y sirva.

Me gusta este trago, por el nombre y porque los mexicanos son muy simpáticos y hospitalarios. Lo tomo con José Miguel Allendes cuando lo paso a ver a su hipermercado La Bodega, en la costanera de Puerto Varas. Supe que Paullmann e Ibáñez están muy preocupados por el ingreso de mi amigo al rubro.

Tijuana
REFRESCANTE

Ingredientes:

3 medidas de tequila
3 medidas de jugo de piña
2 medidas de jugo de limón
1 medida de jugo de naranja
1 medida de granadina
hielo en cubos

Preparación:

Ponga todos los ingredientes en un vaso largo con hielo. Revuelva y sirva.

VINOS

Brochetas ebrias
REFRESCANTE

Ingredientes:

1   vaso largo de vino tinto
2   cucharadas de ron
4   frutillas enteras
4   trozos de chirimoya
1   pincho para brocheta largo
azúcar flor

Preparación:

Macere las frutillas y las
chirimoyas con el azúcar flor y
el ron durante una media hora.
Arme la brocheta con las frutas
intercaladas. Sirva el vino en un
vaso largo, poniendo el pincho
dentro.

Cóctel de naranja (4 personas)
REFRESCANTE

Ingredientes:

2   medidas de vino blanco
1   medida de jugo de naranja
½   medida de triple sec
¼   medida de jugo de limón
hielo picado

Preparación:

Mezcle en un vaso mezclador
todos los ingredientes y agregue
hielo picado.

Frutoso caliente (6 personas)
REFRESCANTE

Ingredientes:

1 lt de vino
2 latas de jugo de piña
1 taza de jugo de naranja
1 limón
100 g de azúcar
1 rama de canela

Preparación:

Ponga media taza de agua en una olla y agregue el azúcar, la corteza del limón y la canela. Deje hervir 5 minutos. Pase por un colador y agregue el jugo de las frutas. Mezcle bien y agregue el vino y las rodajas de limón. Se puede servir frío o caliente. Debe calentarse a baño maría.

Jote
REFRESCANTE

Ingredientes:

1 medida de vino tinto
1 medida de bebida cola

Preparación:

Mezcle en un vaso largo.

Trago típico del pueblo en Chile. Muy consumido en el norte de nuestro país. El nombre y la combinación suenan más feo y malo de lo que realmente es.

Picarón
REFRESCANTE

Ingredientes:

3 medidas de vino blanco
  frutoso
1 medida de coñac o brandy
¼ de chirimoya
2 frutillas
azúcar a gusto

Preparación:

Corte la chirimoya y las frutillas
en cuadritos, dejar macerar
con azúcar y coñac durante
media hora. Junte todos los
ingredientes y refrigere. Sirva
muy frío.

*Este es un rico y suave brebaje. Muy recomendable para esperar
un asado veraniego de domingo en el jardín de su casa. A esperas
largas, menos graduación alcohólica, por razones obvias.*

Ponche de frutas
REFRESCANTE

Ingredientes:

3 medidas de vino tinto
1 medida de jugo de durazno
1 medida de jugo de piña
½ medida de jugo de limón
½ medida de granadina
trozos de durazno natural pelado
hielo picado

Preparación:

Ponga en la licuadora los jugos
de piña, durazno y limón.
Agregue la granadina y licue
durante 10 segundos. En un
vaso largo ponga los trozos del
durazno y el hielo. Agregue el
vino y sirva.

*El vino, en cualquiera de sus cepas, puede ser mezclado con todas
las frutas que tenga a mano. Quedará mejor o menos bueno, pero
nunca malo. Tenemos la suerte de tener en Chile vinos muy buenos y a precios muy razonables. Salud por nuestros empresarios
vitivinícolas.*

Ponche de piña (6 personas)
REFRESCANTE

Ingredientes:

1 botella de vino blanco
1 piña entera pelada
2 copas de ron
4 cucharadas de azúcar
hielo en cubos
6 pinchos

Preparación:

Muela la piña en la juguera y cuele. Agregue el vino, el ron y el azúcar. Lleve a un jarro con hielo. Revuelva y sirva con un trozo de piña en un pincho, en cada vaso.

Sangría
REFRESCANTE

Ingredientes:

2 medidas de vino tinto
½ medida de jugo de limones y naranjas
1 cucharada de manzanas picadas finas
azúcar al gusto
½ medida de triple sec
½ medida de coñac
2 medidas de agua mineral gasificada
hielo en cubos

Preparación:

Vierta todo, menos el agua mineral, en un vaso largo con hielo. Revuelva fuerte. Agregue el agua mineral. Revuelva suavemente y sirva.

Sin duda que las mejores sangrías se toman en España. También las prepara muy bien en Santiago mi querido amigo Javier Pascual, en su restorán La Cocina de Javier (no te mueras nunca, viejo lindo). Hay diferentes recetas. Lógicamente, me quedo con la mía.

Toro rojo
REFRESCANTE

Ingredientes:

5 medidas de vino blanco seco frío

1 medida de campari muy frío

1 medida de agua mineral gasificada

Preparación:

Prepare directamente en la copa, sin hielo.

Vino blanco con chirimoya (6 personas)
REFRESCANTE

Ingredientes:

1 botella de vino blanco (de preferencia gewurstraminer)

¼ kilo de chirimoyas sin pepas en cubos pequeños

azúcar

¼ taza de coñac

hielo en cubos

Preparación:

Macere las chirimoyas con el azúcar y el coñac una media hora. Ponga todo en un jarro con hielo, agregue el vino, revuelva y sirva frío.

El preferido de los que nos juntamos con amigos a jugar un cachito, un dudo o un dominó. Me recuerda a Cheíto Azócar y a Gastón Ross, queridos amigos que ya no están, por estos lados al menos; andarán por otros mejores, sin duda. Me cuesta aceptar la muerte, pero es la más grande de las realidades, así es que a portarnos bien para no terminar tomando, con suerte, unos "litriados" hirviendo que nos quemarán hasta los malos pensamientos.

Vino navegado (6 personas)
REFRESCANTE

Ingredientes:

1 lt de vino tinto
4 clavos de olor
4 palitos de canela
¾ taza de azúcar granulada
½ taza de coñac
½ taza de jugo de naranjas
rodajas de naranja

Preparación:

Hierva el vino con la canela, el clavo de olor y el azúcar. Agregue el coñac. Acerque un fósforo y prenda el coñac unos minutos hasta que se evapore el alcohol o tape para apagarlo. Agregue el jugo de naranja y sirva caliente con las rodajas de naranja.

VODKA

Apocalipsis
REFRESCANTE

Ingredientes:

2 medidas de vodka
1 medida de gin
1 medida de agua tónica
un toque de cointreau
jugo de limón a gusto
hielo en cubos

Preparación:

Mezcle todos los ingredientes
con hielo en un vaso mezclador
y luego sirva en vasos largos.

Bloody Mary
REFRESCANTE

Ingredientes:

1 medida de vodka
3 medidas de jugo de tomate
½ medida de jugo de limón
sal y pimienta a gusto
salsa inglesa a gusto
3 gotas de ají tabasco
hielo en cubos

Preparación:

Ponga el hielo en un vaso de
whisky y agregue todos los
ingredientes. Revuelva y sirva
frío.

Aunque tiene muchos detractores, que piensan que más que trago parece una salsa para tallarines, este es un buen aperitivo, especialmente después de una noche agitada. Acompañe con huevos de codorniz y unas tiras de morrones asados con orégano.

Cacaotov
BAJATIVO

Ingredientes:

2 medidas de vodka
1 medida de chocolate líquido
½ medida de licor de menta
hielo picado

Preparación:

Prepare mezclando todo en una coctelera con hielo picado.

Caipiroska
APERITIVO

Ingredientes:

1 medida de vodka
3 limones de pica cortados en cuartos
2 cucharadas de azúcar
hielo picado

Preparación:

Machaque el limón y el azúcar en el fondo de un vaso. Agregue el hielo y rellene con vodka. Revuelva y sirva.

Cosmopolita
APERITIVO

Ingredientes:

4 medidas de vodka citron
2 medidas de cointreau
1 medida de jugo de frambuesa
½ medida de jugo de limón
hielo picado

Preparación:

Ponga los ingredientes en una coctelera con hielo picado. Bata y sirva en vaso o copa chica.

Danuska
REFRESCANTE

Ingredientes:

5 medidas de vodka
1 medida de granadina
1 medida de jugo de limón
5 medidas de agua mineral
  gasificada
hielo en cubos

Preparación:

Ponga el hielo en un vaso
alto, agregue los ingredientes,
revuelva y sirva.

Demonio verde
REFRESCANTE

Ingredientes:

1 medida de vodka
1 medida de ron blanco
1 medida de jugo de melón
  concentrado
½ medida de jugo de limón
hielo picado

Preparación:

Mezcle los ingredientes en una
coctelera con hielo picado. Sirva
frío.

En Chilito decimos "al melón, vino pon". Parece que en Rusia es "al melón, vodka pon".

Es harto bueno este demonio verde. Acompáñelo de unas galletitas con huevos de esturión y capaz que hasta hable ruso.

Energía
BAJATIVO

Ingredientes:

2 medidas de vodka
1 medida de vermouth
1 medida de cointreau
1 medida de curazao azul
hielo picado

Preparación:

Prepare mezclando en una coctelera con hielo molido y tómelo muy frío.

Es otro buen invento mío, en honor a mi amigo y colega Coco Pacheco. Hombre lleno de energía, él es uno de los personajes más representativos de nuestra gastronomía e incansable embajador de nuestras tradiciones culinarias. Salud, Coquito, y toda mi amistad y reconocimiento.

Frescura
REFRESCANTE

Ingredientes:

2 medidas de vodka
1 medida de jugo de limón
1 medida de jugo de naranja
1 golpe de amargo de Angostura
1 marrasquino
hielo en cubos

Preparación:

Mezcle los líquidos en una coctelera con hielo y decore con un marrasquino.

Golpeado ruso
APERITIVO

Ingredientes:

1 medida de vodka
1 medida de agua tónica

Preparación:

Sirva en un vaso corto y grueso. Tape con la mano y golpee contra la mesa unas 3 veces para activar el gas de la tónica. Bébalo rápidamente.

Tomar este trago es una rara costumbre que se ha hecho habitual en ciertas reuniones. Parece que lo hacen para "apurar la causa", ya que el efecto de los grados alcohólicos queda en evidencia rápidamente. En dosis prudentes es, al menos, entretenido.

Ítalo-ruso
BAJATIVO

Ingredientes:

3 medidas de vodka
1 medida de amaretto
1 medida de campari
hielo picado

Preparación:

Junte todo en una coctelera con el hielo picado y sirva en vaso o copa chica con el hielo que quede.

Madrileño
REFRESCANTE

Ingredientes:

1 medida de vodka
1 medida de gazpacho de
   tomate
ají tabasco
hielo en cubos

Preparación:

Ponga el hielo en un vaso largo.
Agregue tabasco a gusto. Añada
el vodka y el gazpacho, revuelva
y sirva frío.

Mar azul
BAJATIVO

Ingredientes:

2 medidas de vodka
1 medida de curazao azul
1 medida de frangelico
agua tónica
hielo en cubos

Preparación:

Vierta los ingredientes en un
vaso largo con hielo. Adorne con
una rodaja de limón.

Melonov
REFRESCANTE

Ingredientes:

1 melón calameño maduro
vodka
azúcar
hielo picado

Preparación:

Corte una tajada en la parte superior del melón y quite las pepas. Remueva un poco de pulpa y agréguele azúcar a gusto. Añada hielo picado y revuelva con una cuchara. Deje reposar unos minutos y complete con vodka.

Moradito
REFRESCANTE

Ingredientes:

1 medida de vodka
1 medida de jugo de uva natural
azúcar a gusto
hielo picado

Preparación:

Mezcle el vodka con el jugo de uva en un vaso largo, agregue el azúcar y el hielo. Revuelva y sirva.

Moscovita
BAJATIVO

Ingredientes:

2 medidas de vodka
½ medida de grand marnier
½ medida de curazao
hielo picado

Preparación:

Ponga el curazao en una copa de cóctel, agregue el hielo y el vodka. Revuelva y sirva frío.

Me trae recuerdos de un almuerzo en Puerto Varas con Alan Dunfor, un amigo que venía llegando de Moscú. Por culpa de este trago, perdimos primero los estribos y luego el avión. Hicimos muchos "nazdarovia" que es el "salud" nuestro. Cuando son muchos, en ruso o en chileno, el resultado es el mismo.

Romántica
BAJATIVO

Ingredientes:

1 medida de vodka
2 medidas de licor de chocolate
1 medida de licor de guinda
hielo picado

Preparación:

Ponga todos los ingredientes en un una copa con hielo picado, revuelva y sirva.

Rusa enfiestada
REFRESCANTE

Ingredientes:

vodka
1 piña madura
jugo de naranja
azúcar
hielo picado

Preparación:

Corte una tajada en la parte superior de la piña y quite el corazón. Remueva un poco de pulpa, agregue azúcar a gusto, el hielo picado y revuelva con una cuchara. Deje reposar unos minutos y complete con vodka y jugo de naranja a gusto.

La piña puede durar hasta que se acabe la botella de vodka. Vaya reponiendo el hielo y el azúcar, removiendo la pulpa y agregando vodka y jugo de naranja.

Lo he tomado sólo una vez en mi vida y me sentí como deambulando en la Plaza Roja. Creo que era por el color de mi cara después de tomar tanto vodka.

Es un trago ideal para compartir, con bombillas y familiares o seres íntimos. Por razones obvias, "pos mi ñata". Si no... qué asco.

Rusia mía
REFRESCANTE

Ingredientes:

2 medidas de vodka
1 medida de triple sec
2 medidas de jugo de pomelo
hielo en cubos

Preparación:

Mezcle los ingredientes en un vaso largo y agregue el hielo en cubos.

Ruso blanco
BAJATIVO

Ingredientes:

1 medida de vodka
1 medida de crema de cacao
1 medida de crema líquida
hielo picado

Preparación:

Ponga todos los ingredientes en
una coctelera con hielo picado.
Bata y sirva, agregando más
hielo picado, en un vaso alto.

Ruso rubio
BAJATIVO

Ingredientes:

2 medidas de vodka
1 medida de amaretto
hielo en cubos

Preparación:

Prepare directamente en un vaso
con cubos de hielo.

San Claudio
REFRESCANTE

Ingredientes:

2 medidas de vodka
1 medida de jugo de limón
1 medida de jugo de manzana
1 medida de agua mineral con
  gas
azúcar a gusto
hielo en cubos

Preparación:

Vierta todo en un vaso largo con
hielo. Revuelva y sirva.

San Petersburgo
REFRESCANTE

Ingredientes:

2   medidas de vodka
2   medidas de jugo de manzana
1   medida de jugo de plátano
¼   medida de granadina
1   rodaja de naranja
hielo en cubos

Preparación:

En una coctelera agite todos los ingredientes y sirva en una copa o vaso alto. Decore con la rodaja de naranja.

Sole
APERITIVO

Ingredientes:

1   medida de vodka
¼   medida de jugo de limón
1   medida de triple sec
¼   medida de jugo de naranja
3 ó 4 hielos

Preparación:

Mezcle todos los ingredientes en la coctelera, bata y sirva en vaso chico.

Este rico traguito es un invento de la Soledad, mi hermana. Si mis hermanas lo toman, por algo será. Siempre han sido buenas para el cóctel y el picoteo, son excelentes barwomen y mejores cocineras, claro que viven sometidas a interminables e ineficaces dietas. Si dejaran de tomar pisco sour, quebrarían algunas pisqueras nortinas. Gracias, mis gordas lindas, por todo lo que me han brindado.

Veraneando
REFRESCANTE

Ingredientes:

1 medida de vodka
1 medida de ginger ale
frutas de temporada trozadas
hielo picado

Preparación:

Prepare en una copa grande las frutas trozadas acompañadas con el hielo picado. Vierta el vodka y complete con ginger ale. Sirva con un tenedor alto y delgado.

Vodka martini
APERITIVO

Ingredientes:

2 medidas de vodka
1 medida de martini
1 aceituna verde
1 pincho
hielo en cubos

Preparación:

Mezcle los ingredientes en un vaso o copa chica. Ponga al fondo la aceituna en un pincho chico y delgado. Revuelva, saque el hielo y sirva.

Vodka sour
APERITIVO

Ingredientes:

3 medidas de vodka
azúcar a gusto
1 medida de jugo de limón
hielo en cubos

Preparación:

Mezcle todos los ingredientes en una coctelera con hielo, bata y sirva frío en copa chica.

WHISKY

Clavo oxidado
BAJATIVO

Ingredientes:

3 medidas de whisky
1 medida de drambuie
3 cubos de hielo
cáscara de limón en forma de
   tirabuzón

Preparación:

En una copa de coñac ponga los cubos de hielo, el whisky y el drambuie. Agregue el trozo de cáscara de limón para decorar.

Una buena forma de acompañar el whisky en el bajativo. Algunos "siuticones" o americanizados en exceso, me lo piden en el restorán como "rusty nail".

Gringo
BAJATIVO

Ingredientes:

2 medidas de whisky
1 medida de vermouth
1 medida de cointreau
1 medida de jugo de
   marrasquinos rojos
unas gotas de amargo de
Angostura
hielo en cubos

Preparación:

Mezcle los ingredientes durante unos segundos en una coctelera y sirva en una copa de cóctel, con hielo. Las gotas de amargo póngalas al final, a su gusto.

Gringo rubio
BAJATIVO

Ingredientes:

2 medidas de whisky bourbons
1 medida de amaretto
hielo picado

Preparación:

Ponga los ingredientes en una coctelera, bata y sirva.

Magdalena
REFRESCANTE

Ingredientes:

2 medidas de whisky
1 rodaja de piña
1 medida de helado de piña
1 medida de menta
hielo picado

Preparación:

Corte la piña en trozos. Mezcle los ingredientes en una copa grande y sirva con un tenedor chico dentro de ella.

Este trago lo he tomado en algunas ocasiones en la casa de mi hermana Magdalena. A pesar de que no me convenció a la primera, me ha gustado bastante en las posteriores oportunidades.

Manhattan
APERITIVO

Ingredientes:

2 medidas de whisky
1 medida de vermouth rojo
unas gotas de amargo de
Angostura
1 marrasquino
hielo en cubos

Preparación:

En una coctelera con hielo
agregue los ingredientes,
mezcle y sirva en una copa de
cóctel. Las gotas de amargo
agréguelas al final. Decore con
un marrasquino rojo.

Old fashion
REFRESCANTE

Ingredientes:

2 medidas de whisky
1 rodaja de piña
1 rodaja de naranja sin cáscara
1 marrasquino rojo
1 marrasquino verde
1 medida de jugo de piña
1 medida de jugo naranja
1 cubo de azúcar tostada
hielo picado

Preparación:

Ponga en un vaso de whisky
la rodaja de piña, la de naranja
y los marrasquinos. Agregue
el hielo, el whisky, los jugos de
piña y de naranja y el azúcar. Le
puede agregar rodajas de otras
frutas si desea.

Es un tradicional, delicado y frutoso trago. En nuestros tiempos se lo ofrecíamos a las pololitas. Hoy en día, las pololitas toman pis-cola, cuba libre –que buen chiste–, golpeaditos de tequila u otras "delicatessen" por el estilo. Me quedo con nuestros tiempos.

Whisky sour
APERITIVO

Ingredientes:

3 medidas de whisky
1 medida de jugo de limón
1 cucharada de azúcar flor
hielo en cubos

Preparación:

Agite todo en una coctelera con hielo, luego sirva en un vaso o copa chica.

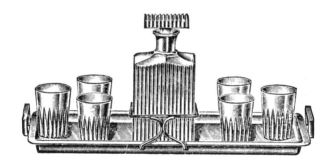

Anglo-francés
APERITIVO

Ingredientes:

1 medida de gin
1 medida de vermouth seco
1 medida de grand marnier
hielo en cubos

Preparación:

Mezcle en una coctelera con unos cubitos de hielo. Sirva en copa de cóctel.

Biarritz
APERITIVO

Ingredientes:

2 medidas de coñac
1 medida de whisky
1 medida de vermouth
¼ medida de campari
1 marrasquino
hielo en cubos

Preparación:

Vierta los ingredientes en una coctelera con algunos cubitos de hielo y agite durante unos segundos. Sirva en copa de cóctel con un marrasquino.

Brisa de menta
REFRESCANTE

Ingredientes:

1 medida de licor de menta
3 medidas de agua tónica
hielo en cubos

Preparación:

Sirva los ingredientes en un vaso largo.

Bomba
BAJATIVO

Ingredientes:

2   medidas de brandy
½ medida de vermouth rojo
1   medida de anís
¼ medida de curazao
hielo en cubos

Preparación:

Mezcle en una coctelera con cubitos de hielo y sirva en un vaso o copa chica.

Campos Elíseos
APERITIVO

Ingredientes:

1   medida de coñac
1   medida de curazao
1   medida de jugo de limón
1   marrasquino
hielo en cubos

Preparación:

Mezcle en una coctelera con cubos de hielo y, al servir en un vaso chico, decore con un marrasquino.

Campari veraniego
REFRESCANTE

Ingredientes:

2   medidas de campari
¼ de medida de ron
1   medida de champaña
½ medida de jugo de pomelo
1   medida de jugo de frambuesas
hielo picado

Preparación:

Ponga todos los ingredientes en un vaso largo con hielo picado. Revuelva y sirva.

Cerveza con limón (2 personas)
REFRESCANTE

Ingredientes:

2   medidas de cerveza muy fría
½ medida de coñac
½ medida de jugo de limón
ralladura muy fina de cáscara de limón
azúcar a gusto

Preparación:

Mezcle todo en un vaso. Al final agregue un poco de la ralladura de limón. Sirva.

Cointreau sour
APERITIVO

Ingredientes:

3 medidas de cointreau
1 medida de jugo de limón
1 cubo de hielo

Preparación:

Mezcle los ingredientes en una coctelera y sirva frío.

Es un trago delicioso, aunque algo caro. Me recuerda a mi padre Santiago; el único sour que tomaba era éste. Ojalá que existan "celestiales" y que los esté disfrutando. Salud, viejo querido y recordado.

Coqueto
REFRESCANTE

Ingredientes:

5 medidas de amaretto
2 medidas de cointreau
1 medida de jugo de papaya
2 medidas de jugo de naranja
1 medida de jugo de limón
hielo en cubos

Preparación:

Mezcle todos los ingredientes en una coctelera y sirva en un vaso largo con hielo.

Corazón
APERITIVO

Ingredientes:

5 medidas de whisky
2 medidas de vermouth seco
2 medidas de campari
1 medida de amaretto

Preparación:

Mezcle todo en una coctelera con hielo picado. Bata y sirva muy frío, en copa chica.

Crisantemo
APERITIVO

Ingredientes:

3 medidas de jerez seco
2 medidas de ron blanco
1 medida de crema de cassis
hielo en cubos

Preparación:

Ponga en la coctelera. Bata y sirva en un vaso old fashion con abundante hielo en cubos.

Dulzón
BAJATIVO

Ingredientes:

1 medida de frangelico
2 medidas de chocolate líquido
1 medida de jugo de frambuesas
hielo en cubos

Preparación:

Mezcle y sirva en una copa de
cóctel con hielo.

El cola de mono de mi yerno (20 personas)
BAJATIVO

Ingredientes:

1 lt de aguardiente
1 lt de leche
2 tarros de leche condensada
3 cucharadas soperas de café
   en polvo

Preparación:

Mezcle las leches y agregue el
café bien disuelto en media taza
de agua hirviendo. Incorpore
el aguardiente lentamente,
para que no se corte la leche.
Póngalo en botellas y lleve al
refrigerador. Antes de servir,
llévelo por media hora al freezer
para que esté muy helado. Sirva
en vaso o copa chica. No crea
que me olvidé del azúcar: la
leche condensada la reemplaza.

Casi todos los cola de mono son fomes, descoloridos, con mucha vainilla, clavo de olor y demasiado suaves. Este es otra cosa. Bébalo en cantidades prudentes, ya que es "juertón". No se lo ofrezca al Viejo Pascuero para que pueda seguir repartiendo regalos y no se quede dormido. Lo inventó Francisco, mi yernito, que, a diferencia mía, no entiende que es posible crear tragos suaves. ¿Será por lo curicano?

Europeo
REFRESCANTE

Ingredientes:

3 medidas de vermouth
2 medidas de jugo de pomelo
1 medida de campari
hielo en cubos

Preparación:

Mezclar todos los ingredientes en una coctelera, agitar bien y servir.

Goloso
BAJATIVO

Ingredientes:

2 medidas de brandy
¼ medida de amargo de Angostura
½ medida de crema
1 medida de horchata
¼ medida de curazao
hielo picado

Preparación:

Mezcle con hielo picado en una coctelera, agite fuertemente y sirva en una copa enfriada con anterioridad.

Gracioso
APERITIVO

Ingredientes:

2 medidas de amaretto
2 medidas de cointreau
1 medida de vodka
1 medida de jugo de naranja
1 medida de jugo de limón
1 marrasquino
1 pincho
hielo picado

Preparación:

Ponga todos los ingredientes en una coctelera con hielo picado, bata y sirva en una copa chica. Agregue un marrasquino en un pincho.

Guindado
BAJATIVO

Ingredientes:

1 botella de aguardiente
¼ k de guindas secas
2 tazas de azúcar granulada
1 taza de agua
3 palitos de canela

Preparación:

Ponga las guindas en una botella de litro. Llénela con aguardiente y deje macerar unos 15 días, para que tomen sabor y color. Pasado ese tiempo, haga un almíbar espeso con el azúcar, el agua y la canela. Agregue el aguardiente y las guindas y deje reposar nuevamente por unos 15 días más.

Más conocido como "guindao", es una tradicional mezcla casera, prima hermana del "apiao". Es rico y engañoso, porque su graduación alcohólica es alta, pero como es dulce, engaña. He visto a varios caer con guindados caseros. El único que soporta esos embates y otros más fuertes es mi hermano Francisco. Parece que los aires lololinos hacen que el alcohol se esfume como por arte de magia. Salud y "buena salud", querido hermano. Guarde corderitos para cuando vaya en el verano. No se los coma todos.

Invierno cálido
BAJATIVO

Ingredientes:

2   medidas de jerez
1   medida de vermouth
1   medida de cointreau
hielo en cubos

Preparación:

Mezcle en una coctelera todos los ingredientes y revuelva hasta que quede frío. Saque el hielo y sirva.

Hay combinaciones geniales y otras desafortunadas. Esta es de las primeras. Puede sorprender a algún amigo o amiga, como yo lo he hecho en varias oportunidades. Le puede servir diciendo: "Lo creé pensando en ti, mi amor" y al rato… todo pasando.

Invierno templado
BAJATIVO

Ingredientes:

1   medida de café caliente
¼ de medida de amaretto
¼ de medida de cointreau
¼ de medida de crema semi-
    batida

Preparación:

Prepare directamente en una taza o copa de coñac. Mezcle brevemente los tres primeros líquidos. Luego agregue la crema lentamente, de modo que quede en la superficie.

Mulato
BAJATIVO

Ingredientes:

3 medidas de whisky
2 medidas de gin
2 medidas de licor de café
hielo en cubos

Preparación:

Prepare en una coctelera y sirva con mucho hielo, en un vaso chico.

Michelada
REFRESCANTE

Ingredientes

1 cerveza individual
1 cucharada de jugo de limón
1 cucharada de salsa inglesa
3 gotas de ají tabasco
sal y pimienta a gusto

Preparación

En una copa con sal en los bordes, ponga todos los ingredientes y vierta la cerveza, muy helada, de a poco.

No es de mi gusto, pero los jóvenes la toman mucho actualmente, motivo por el cual la incorporo en este libro. Mi hijo Raúl, que estuvo un año en México, trajo la novedad a mi bar y con sus amigos se hacen chupete las micheladas. No es una mala idea para la juventud, porque la cerveza tiene pocos grados alcohólicos y nuestros "nenes" tardan más en embriagarse.

Negrín de Llanquihue
BAJATIVO

Ingredientes:

2 medidas de brandy
1 medida de cointreau
1 medida de jugo de limón
hielo en cubos

Preparación:

Mezcle los ingredientes en una coctelera con hielo, bata y sirva en un vaso chico.

Me trae recuerdos de las largas y lluviosas noches en el sur de Chile. Con mi amigo Marcelo descubrimos esta rica mezcla de los últimos "conchos del bar".

Negroni
APERITIVO

Ingredientes:

1 medida de gin
1 medida de vermouth
1 medida de campari
1 rodaja de naranja
hielo en cubos

Preparación:

Ponga los cubos de hielo en un vaso largo y agregue los líquidos, revuelva con una cuchara, agregue la rodaja de naranja y sirva muy frío.

Nortino

REFRESCANTE

Ingredientes:

1   medida de pisco
1   medida de coñac o brandy
1   medida de curazao
1   medida de jugo de manzana
½ rodaja de piña picada
½ naranja picada
1   medida de agua mineral

Preparación:

Ponga la piña y la naranja picadas en un bol. Agregue el pisco, el brandy o coñac y el curazao. Refrigere durante una hora. Agregue el jugo de manzana y el agua mineral. Sirva en vaso largo.

Rico, suave, nutritivo, frutoso, energético y distinto. ¿Para qué más?

Nuclear

REFRESCANTE

Ingredientes:

1   medida de ron
1   medida de tequila
1   medida de vodka
½ medida de curazao azul
½ medida de crema de menta
2   medidas de jugo de naranja
hielo picado

Preparación:

Ponga todos los ingredientes en un vaso largo, revuelva y sirva.

Orson Welles
REFRESCANTE

Ingredientes:

4   medidas de vermouth rojo
2   medidas de whisky
1   medida de agua tónica

Preparación:

Mezcle todo en un vaso con
hielo en cubos. Revuelva y sirva.

Pastoso
BAJATIVO

Ingredientes:

2   medidas de brandy
1   medida de crema de menta
hielo picado

Preparación:

Mezcle con el hielo picado
en una coctelera, agite unos
segundos y sirva en una copa
previamente enfriada.

Puerto Rico
BAJATIVO

Ingredientes:

2   medidas de licor de café
1   medida de crema líquida
canela molida

Preparación:

Ponga la crema líquida en un
vaso, luego vierta el licor de café
sobre una cuchara, de manera
que el líquido se deslice por
la pared del vaso y así no se
mezcle con la crema, después
de presentarlo, se recomienda
removerlo. Al final, agregue la
canela.

Rosado
REFRESCANTE

Ingredientes:

3 medidas de coñac
1 medida de triple sec
1 medida de jugo de naranja
1 cucharada de granadina
hielo en cubos

Preparación:

Mezcle los ingredientes en un vaso largo con el hielo, revuelva y sirva.

Santiago
REFRESCANTE

Ingredientes:

2 medidas de vermouth seco
3 medidas de jugo de papaya
¼ medida de jugo de limón
cáscara de limón
hielo picado
hielo en cubos

Preparación:

Bata en una coctelera el jugo de papaya, el vermouth, el limón y el hielo picado. Sirva en vaso frío, agregue cubos de hielo y decore con la cáscara de limón.

Esta suave y rica combinación nació en la casa de Chago, mi hermano, el único sano de la familia. Él toma sólo agua o jugos, así es que registrando su escuálido bar encontré, por casualidad, una botella de vermouth. Como había jugo de papaya y algunos limones, hicimos la mezcla y quedó bastante agradable, aunque, para mi gusto, muy pero muy suave.

Sometimes
APERITIVO

Ingredientes:

3 medidas de vermouth blanco
½ media medida de coñac
½ medida de licor de whisky
hielo en cubos

Preparación:

Prepare en una coctelera con hielo y sirva en copa de cóctel.

Vaina en oporto
BAJATIVO

Ingredientes:

2 medidas de oporto
¼ medida de coñac
¼ medida de cacao
1 huevo
canela a gusto
hielo en cubos

Preparación:

Ponga el huevo en la licuadora, agregue el oporto, el coñac, el cacao y licue durante 2 minutos. Agregue hielo y licue 30 segundos más. Sirva en una copa y espolvoree la canela.

Complicada está la vaina a causa de la salmonela. Hay que licuar muy bien para que la clara quede disuelta. No es recomendable de aperitivo, ya que el huevo es muy consistente e inhibe el apetito. En definitiva, consuma vaina lo menos posible.

Verdoso
APERITIVO

Ingredientes:

3 medidas de jerez
1 medida de jugo de frambuesa
1 medida de menta
hielo picado

Preparación:

Ponga todos los ingredientes en una coctelera, bata y sirva frío en una copa chica.

Versalles
BAJATIVO

Ingredientes:

2 medidas de coñac
2 medidas de cointreau
½ medida de cacao
½ medida de jugo de limón
hielo picado

Preparación:

Bata todos los ingredientes en una coctelera y sirva en un vaso chico.

Tuve la suerte de conocer este exquisito trago en un café-bar parisino. Sin duda que estando allá adquiere un mejor sabor. Pruébelo, le aseguro que le encantará y en una de esas, se transporta por un rato a la belle Paris.

Violeta
APERITIVO

Ingredientes:

2 medidas de coñac
1 medida de curazao
1 medida de jugo de naranja
hielo picado

Preparación:

Mezcle con hielo picado en una coctelera, bata y sirva en un vaso o copa chica.

Picoteos

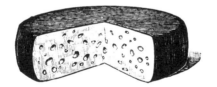

CARNES

Brazo de reina de jamón ahumado (25 unidades)

Ingredientes:

1 pan de queso crema
1 cucharadita de salsa inglesa
1 cucharadita de mostaza Dijon
2 cucharadas de mayonesa
3 cucharadas de ciboulette picada
1 tomate chico, en cuadritos

1 cucharadita de orégano
6 láminas de jamón ahumado
rebanadas de pan aromatizadas con hierbas (romero, eneldo, salvia, etc.) para servir
sal y pimienta
papel absorbente
alusa plas

Preparación:

Junte e incorpore todos los ingredientes en un bol, excepto el jamón ahumado. Reserve.

Seque las tajadas de jamón ahumado en papel absorbente y luego estírelas sobre alusa plas. Cubra cada una de estas con la mezcla, luego enrolle a lo largo apretadamente y envuelva en alusa plas.

Congele durante 45 minutos aprox. Corte en rodajas de 2 cm y sirva sobre las tostadas aromatizadas.

Brochetas de cordero al estragón con champiñones (4 personas)

Ingredientes:	*Para la salsa:*
1 k de pulpa de cordero	1 taza de miel de papaya
24 champiñones	¼ taza de salsa de soya
estragón fresco	
sal y pimienta	
8 pinchos para brochetas medianos	

Preparación:

Ponga los pinchos para brochetas en agua. Corte el cordero en cubos y aderece con sal, pimienta y estragón fresco. Haga las brochetas, alternando un champiñón y un trozo de carne. Ase en una sartén o plancha. Para la salsa mezcle la miel de papaya y la salsa de soya. Reduzca. Sirva las brochetas con esta salsa.

Brochetas de piña y pollo con caramelo de piña (4 personas)

Ingredientes:

2 pechugas de pollo deshuesadas
4 rodajas de piña
aceite
mantequilla
1 taza de jugo de naranjas
vinagre balsámico
sal

Para la salsa:

jugo de piña
azúcar
merquén

Preparación:

Corte las pechugas en cubos pequeños y la piña en trozos iguales. Deje macerar el pollo en jugo de naranjas con sal y unas gotas de vinagre balsámico. En los pinchos, vaya ensartando los trozos de pollo y de piña. Dore las brochetas en la plancha con gotas de aceite y mantequilla.

Aparte, en una olla, derrita el azúcar y agregue el jugo de piña de a poco para que no se suba. Agregue el merquén y mezcle hasta que quede un caramelo bien unido. Pase las brochetas cocidas por esta salsa y sirva.

Son muy ricas estas brochetas agridulces. Es una receta nórdica, anglosajona. Las comí muy bien preparadas en un restorán de Atenas. Mirando el Partenón, sabían mejor aún. Parecía que Atenea me estaba envidiando desde algún mágico rincón del Olimpo.

Brochetas de pollo con salsa de ostras (4 personas)

Ingredientes:

1 pechuga de pollo cortada en cubos

8 pinchos para brocheta medianos

salsa de ostras

merquén

sal y pimienta

Preparación:

Humedezca los pinchos con agua. Salpimiente el pollo. Ponga dos cubos en cada brocheta, báñelos con la salsa de ostras y espolvoree con el merquén. Cocine al horno durante quince minutos a fuego medio. Sirva caliente.

Chabelitas

No se porqué se llaman así pero les puedo asegurar que es una de las carnes mejores o la mejor, que tiene el vacuno. No pesa más de 100 gramos cada una y el animal trae sólo dos. Están ubicadas entre la sobrecostilla y el lomo vetado. Son delgadas y al asarlas se hinchan o engrosan. Tiene su delicada gratitud incorporada a la pieza por lo que es de un sabor extraordinario.

Cuesta encontrarlas, ya que los carniceros generalmente no las sacan por lo trabajoso que resulta al ser muy pequeñas y encontrarse entre grasas. Mi huaso y corralero amigo Rolando Varela me las hacía sacar en sus faenadoras de carnes Sofacar.

Las puede cocinar al disco, en la plancha o en la sartén, sólo con sal, pues el resto lo ponen las chabelitas.

En Curicó, los viejos se las peleaban cuando "carneaban" un animal vacuno. Las he comido y muy buenas también en Valdivia, donde el Memo Cardemil, un cachalote de dos metros y casi 150 kilos. (Y es corralero, como buen Cardemil. ¡Pobre potro! Está lleno de várices.) Las chabelitas son conocidas también como ñañas, pero nada que ver con la entraña.

Costillas de cerdo con salsa de jengibre (4 personas)

Ingredientes:

½ k de costillas de cerdo
½ naranja chica
½ limón
1 cebolla morada picada
2 dientes de ajo, pelados
2 cucharadas de miel de palma
2 cucharadas de salsa de soya
2 cucharadas de salsa inglesa
1 cucharada de jengibre fresco rallado

1 cucharada de aceite de sésamo
papel aluminio

Para la salsa:
½ taza de azúcar
½ taza de agua
1 cucharada de jengibre fresco rallado

Preparación:

Ponga las costillas en una budinera, tapándolas con papel aluminio, y áselas en el horno precalentado a 180ºC durante 30 minutos.

Ponga el limón y la naranja sin pepas en una juguera con el jengibre, el ajo, la miel, la cebolla, la salsa de soya, la salsa inglesa y el aceite de sésamo. Licue hasta formar una pasta.

Retire la budinera del horno, elimine el exceso de grasa, y con una cuchara vaya vertiendo la pasta por encima de las costillas hasta que queden bien recubiertas. Vuelva a poner en el horno, subiendo la temperatura a 200ºC y áselas. Cada cierto tiempo voltéelas y únteles la pasta. Mantener en el horno durante 40 minutos o hasta que estén doradas.

Para la salsa, forme un caramelo con el azúcar y el agua, luego agregue el jengibre rallado y deje enfriar. Sirva las costillas con la salsa al lado, para untarlas a gusto de cada uno.

Estas costillitas de cerdo agridulces son muy ricas. Es una receta alemana que me dio una amiga de Puerto Varas. La influencia germana en la cocina de esa zona es muy importante y, en lo personal, aprendí mucho de ella porque forma parte de mi herencia materna.

Criadillas al ajillo (4 personas)

Ingredientes:

4   criadillas de cordero (son más
    sabrosas que las de vacuno)
1½ tazas de vino blanco

2   dientes de ajo molido
2   cucharadas de mantequilla
    aceite de oliva
    sal y pimienta a gusto

Preparación:

Limpie las criadillas, sacándoles la tela protectora que las envuelve. Córtelas a lo largo en tres partes cada una para adelgazarlas.

Póngalas en una sartén con mantequilla hasta dorarlas a fuego fuerte.

Para la salsa, dore el ajo en un poco de aceite de oliva, salpimiente, y vaya agregando de a poco el vino, hasta que se reduzca y elimine el alcohol.

Ponga las criadillas ya doradas en la salsa y deje cocer a fuego lento por 10 minutos.

Saque el ajo y sirva, acompañado de tostadas.

Sé que las criadillas tienen muchos detractores. Creo que algunos no las han probado porque no han tenido la posibilidad y otros por "solidaridad con el género". Son buenísimas. En este caso prefiero no ser solidario.

Crudos en canapé (5 personas)

Ingredientes:

1 k de posta negra molida
1½ taza de jugo de limón
10 cebollines
vinagre
trigo burgol (opcional)
cilantro
cebolla morada
pepinillos
aceite de oliva
tostadas
sal y pimienta

Para la salsa:

crema ácida
perejil

Preparación:

Deje los cebollines marinando en aceite de oliva, vinagre, jugo de limón, sal y pimienta. Marine la cebolla cortada pluma en aceite de oliva, limón, sal y pimienta.

Deje remojar el trigo burgol en agua tibia por lo menos durante una hora. Una vez hidratado, júntelo con la carne y forme bolitas. Deje todos los ingredientes en la mesa.

Condimente la carne con limón, sal, pimienta, aceite de oliva, pepinillos, cilantro, los cebollines y la cebolla morada marinados. Unte las tostadas con los crudos e incorpore la crema ácida mezclada con el perejil picado.

De los discos

Los discos o discadas se han impuesto fuertemente y es muy razonable, porque tienen el concepto de un asado, en cuya preparación participan todos, generalmente en el jardín, lo que lo hace muy agradable.

Para que quede rico, lo importante es formar una buena base, sobre la que podrá cocinar cualquier producto y, para esto, la parte intermedia del cebollín es muy apropiada. Ponga mantequilla o aceite de oliva, cebollín picado muy fino, ajo –opcional–, ají en pasta y morrones de diferentes colores cortados en juliana. Salpimiente y cocine a fuego fuerte durante unos 10 minutos, hasta que la cebolla y los morrones comiencen a rendirse y a transparentarse. Luego agregue vino blanco de a poco, durante 15 minutos. Cuando se forme una base homogénea y reducida, agregue lo que quiera o lo que tenga a mano: carne desgrasada en cubos, camarones, ostiones, pollo, cocochas, calamares, machas, criadillas, o lo que se le ocurra. Todo va a quedar bueno.

Lo puede servir como picoteo o como plato de fondo. Si prefiere las verduras al dente, sólo saltéelas unos 5 minutos y agregue el ingrediente principal. Retire apenas este se haya cocido.

Si quiere incorporar más verduras, puede usar apio, berenjenas, repollo, coliflor, zapallo italiano, espárragos, palmitos, porotos verdes, arvejas y lo que se le dé la gana.

Empanaditas de jamón ahumado en masa filo (10 personas)

Ingredientes:

¼ kilo de masa filo

1 cucharada de mantequilla derretida

Para el relleno:

5 lonjas de jamón ahumado

500 g de queso mantecoso rallado

½ taza de crema

1 tomate pelado y cortado en cuadritos

3 cucharadas de albahaca fresca picada

Preparación:

Corte el jamón ahumado en cuadritos. Forme una pasta juntando todos los ingredientes del relleno. Estire la masa filo, píntela con un pincel untado en la mantequilla derretida y córtela en tiras largas. Rellene con las mezcla y envuelva en forma de triángulo. Hornee hasta que la masa se dore. Sirva caliente.

Fierritos de cerdo en salsa de mango (4 personas)

Ingredientes:

1½ k de lomo de cerdo
tomillo fresco
aceite de oliva
sal y pimienta
8 fierritos

Para la salsa:

1 mango en tiras
1 taza de vinagre de vino blanco
½ taza de azúcar
½ taza de azúcar rubia
½ taza de chalotas en pluma
1 diente de ajo picado
1 cucharadita de ají en polvo
1 cucharada de jengibre fresco
   picado
pimienta blanca y negra
sal

Preparación:

Corte el lomo en cubos y alíñelo con tomillo, aceite de oliva, sal y pimienta.

Arme los fierritos. Para la salsa, una todos los ingredientes en un bol y marine durante tres horas en el refrigerador. Una vez concluido ese tiempo, transfiera a una olla y cocine a fuego medio durante 45 minutos o hasta espesar. Saque del fuego y muela.

Para servir, ponga los fierritos a la parrilla bañados con la salsa para que se impregnen los sabores. Al momento de comer, agregue más salsa.

Fierritos de pollo con salsa de mostaza (10 personas)

Ingredientes:

1 k de pollo en cubos
½ cebolla en rodajas de 2 cm
15 tomates cherry en mitades
aceite de oliva
1 cucharadita de curry
sal y pimienta
30 fierritos
alusa plas

Para la salsa:

5 cucharadas de mostaza
5 cucharadas de miel
3 cucharadas de vinagre blanco
¾ taza de jugo de naranja
1 cucharadita de salsa inglesa

Preparación:

Ponga el pollo, la cebolla y los tomates en un bol, agregue aceite de oliva, curry, sal y pimienta a gusto, cubra con alusa plas y refigere durante 3 horas. Transcurrido este tiempo, arme las brochetas alternando los ingredientes.

Para la salsa, mezcle todos los ingredientes hasta formar una pasta homogénea.

Ponga las brochetas a la parrilla y sirva con la salsa.

Filetitos a la pimienta con salsa de cabernet (4 personas)

Ingredientes:

100 g de filete cortados en
   cubos
sal y pimienta
aceite de oliva
8 pichos para brochetas

Para la salsa:

1 taza de cabernet sauvignon
1 diente de ajo partido en dos
3 ramas de perejil
2 cucharadas de azúcar

Preparación:

En un vaso de agua humedezca las brochetas. Bañe los cubos de filete en aceite de oliva y salpimiente. Saltéelos en una sartén y reserve. Mientras se enfría ponga el vino, el perejil, el ajo y el azúcar, en una sartén a fuego lento, hasta que reduzca tres cuartos. Mientras se reduce, ponga cada cubo en un pincho brocheta y lleve al horno por 10 minutos a fuego medio. Sirva en una bandeja y bañe las brochetas con la salsa cabernet.

Trutros de ala de pollo al jengibre
(4 personas)

Ingredientes:

12 trutros de alas de pollo
2 dientes de ajo, pelados
1 cm de jengibre rallado
1 cucharadita de semillas de cilantro
1 cucharada de salsa de soya
1 cucharada de salsa perrins o inglesa
1 cucharada de jugo de limón
salsa barbacoa (para servir)
papel aluminio

Preparación:

Muela el ajo, el jengibre, las semillas de cilantro y forme una pasta. Agregue de a poco el jugo de limón, la salsa de soya y la salsa inglesa o perrins. Marine en el refrigerador las alitas de pollo con la preparación anterior, durante una noche.

Cubra una lata de horno con papel aluminio y ponga las alitas de pollo en una sola capa. Tape con el mismo papel. Áselas a horno medio, por unos 25 minutos, dándolas vuelta de vez en cuando. Sirva con salsa de barbacoa.

MARISCOS Y PESCADOS

Anchoas en alioli (4 personas)

Ingredientes:

12 filetitos de anchoa
1 tarro chico de pimiento morrón
6 tajadas de pan de centeno

Para el alioli:

2 dientes de ajo
2 yemas de huevo
1 cucharadita de jugo de limón
½ taza de aceite de oliva extra virgen

Preparación:

Para la salsa alioli, ponga en la licuadora el ajo, las yemas y el jugo de limón. Licue hasta que se forme una pasta. Luego agregue poco a poco el aceite de oliva, formando una mayonesa. Reserve.

Corte las rebanadas de pan de centeno y tuéstelas. Sobre las tostadas esparza el alioli y encima de este ponga las anchoas enrolladas. Decore con los pimientos morrones.

Son buenas las anchoas, aunque bastante saladas. Si tiene hipertensión, mejor deje pasar esta receta o cómase las tostadas sólo con el alioli, so riesgo de que su señora lo mande a freír monos al África, por hediondo a ajo.

Arrollado de salmón (4 personas)

Ingredientes:

2 hojas de masa filo
1 taza de mantequilla derretida
100 g de salmón
1 cucharada de menta fresca
  picada

½ taza de sésamo negro
1 cucharadita de jengibre
  rallado
3 cucharadas de salsa de soya

Preparación:

Corte el salmón en bastones. Alíñelo con la menta, el sésamo, el jengibre y la salsa de soya. Cuidadosamente estire las dos hojas de masa filo sobre una mesa y píntelas con la mantequilla. Corte cada una en seis tiras, ponga sobre estas un bastón de salmón y enrolle doblando los extremos hacia dentro, para evitar que salga parte del relleno durante la cocción. Precaliente el horno a 180°C y hornee por 15 minutos.

Baguettini de jaiba al jengibre (4 personas)

Ingredientes:

2 cucharadas de jugo de limón
1 cucharada de jengibre fresco
  rallado
3 cucharadas de mayonesa
2 cucharadas de yogur natural
150 g de carne de jaiba cocida

3 cucharadas de queso
  parmesano rallado
ramitas de ciboulette para
decorar
8 rebanadas de pan baguette
  tostadas con aceite de oliva
sal y pimienta

Preparación:

Mezcle el jugo de limón, el jengibre, la mayonesa, el yogur y la carne de jaiba. Salpimiente. Con una cuchara, ponga una porción de la pasta en cada tostada, espolvoree queso parmesano y decore con las ramitas de ciboulette en bastones.

Bocados de ostiones (4 personas)

Ingredientes:

18 vol au vent pequeños
18 ostiones
1 taza de salsa blanca
aceite de oliva

100 g de queso gruyère picado
   en cubos pequeños
1 cucharada de ciboulette
   picada
sal y pimienta blanca

Preparación:

Saltee los ostiones en aceite de oliva y agregue la ciboulette. Ponga un ostión en cada masa vol au vent, rellene con el queso y la salsa blanca. Dore en el horno y sirva caliente. Salpimiente a gusto.

Brazo de reina de salmón ahumado (4 personas)

Ingredientes:

200 g de salmón ahumado
interfoliado
¼ pan de queso crema
½ taza de crema

1 cucharada de jugo de limón
½ cucharadita de pimienta
blanca
1 cucharada de ciboulette
fresca picada
alusa plas

Preparación:

Ponga las láminas de salmón bien estiradas y formando un rectángulo, sobre una superficie cubierta de alusa plas.

Muela el queso con un tenedor y vaya incorporándole la crema. Cuando esté blando y cremoso, cubra con esta pasta el salmón. Agregue la pimienta, la ciboulette picada fina y el jugo de limón.

Gire lentamente el contenido hasta formar un rollo al que le irá dando la forma al apretar los extremos de la alusa plas.

Lleve al freezer y congele.

Para servir, corte el rollo cuando esté semicongelado, en rebanadas muy delgadas, y póngalas en forma ordenada y definitiva sobre un plato de centro. Al descongelarse completamente no podrá moverlas más.

Esta es un fina y delicada forma de servir el salmón ahumado. Agradezco haber vivido en el hermoso Puerto Varas durante más de 15 años, ya que, entre otras cosas, prácticamente conviví con los salmones y aprendí a cocinarlos y degustarlos de variadas, ricas y entretenidas maneras.

Brazo de reina de queso crema y jaibas (6 personas)

Ingredientes:

1 pan de queso crema
4 cucharaditas de coñac
1 paté de jaibas

1 cucharadita de albahaca
   fresca picada
sal y pimienta
alusa plas

Preparación:

Corte el pan de queso crema por la mitad. Ponga cada trozo entre dos láminas de alusa plas. Usleree hasta formar un cuadrado o rectángulo, lo más delgado posible. Reserve.

En un bol, junte la albahaca, el paté de jaibas y el coñac. Salpimiente a gusto.

Divida esta mezcla en dos y ponga cada porción en cada cuadrado o rectángulo de queso crema reservado y esparza. Enrolle con ayuda del alusa plas.

Sirva con tostadas, galletas saladas, sobre endibias o con trocitos de apio.

Brochetas de ostiones y camarones al estragón (4 personas)

Ingredientes:

4   ostiones
8   camarones de río
estragón seco
estragón fresco para decorar

4   pinchos para brocheta de
    tamaño medio
aceite de oliva
1   cucharada de vino blanco
sal y pimienta blanca molida

Preparación:

Saltee los ostiones y camarones en el aceite de oliva. Agregue el estragón seco y el vino blanco. Deje reducir unos minutos. Salpimiente a gusto.

Ensarte en las brochetas en forma alternada, los camarones y los ostiones. Sirva caliente. Decore el plato con el estragón fresco.

Brochetas de pulpo al olivar (4 personas)

Ingredientes:

hojas de salvia
1 cucharada de aceite de oliva
2 tentáculos de pulpo cocido
palitos de brochetas

Para la salsa:

1 taza de aceitunas sin cuesco
½ pan de queso crema
2 cucharadas de mayonesa
1 cucharada de aceite de oliva
sal y pimienta

Preparación:

Corte los tentáculos en trozos pequeños y saltéelos en aceite de oliva con la salvia.

Para la salsa, muela las aceitunas y únalas con el queso crema, la mayonesa y el aceite de oliva. Salpimiente a gusto. Ponga dos trozos de pulpo en cada brocheta y cúbralos con la salsa justo antes de presentar. Sirva en frío.

Calamares Sancho (4 personas)

Ingredientes:

4 vainas de calamar de 8 cm
como máximo (más grandes
quedan duras)
⅛ de jamón
⅛ de camarones

2 cucharadas de crema
mantequilla
harina
sal y pimienta
aceite para freír

Preparación:

Pique el jamón y los camarones muy finos y póngalos en una sartén con mantequilla. Agregue la crema y mantenga 5 minutos a fuego suave o hasta que esta se reduzca y se incorpore a los ingredientes. Salpimiente a gusto. Deje enfriar y luego rellene los calamares.

Pase las vainas ya rellenas por harina y fría en aceite hirviendo 3 minutos.

Obtendrá un picoteo muy sabroso y original. Hay gente que viene a mi restorán sólo a comer calamares Sancho. Por algo será...

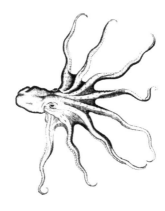

Camarones al ajillo (4 personas)

Ingredientes:

½ pan baguette
aceite de oliva
merquén
½ ají cacho de cabra, cortado
   en dos

24 camarones pequeños
1 diente de ajo pelado y
   machacado
1 cucharada de perejil picado
hojas de berros sin tallos, para
   montar

Preparación:

Corte el pan delgado y píntelo con aceite de oliva. Espolvoree el merquén y lleve al horno hasta dorar.

Saltee en una sartén, con aceite de oliva, el ají cacho de cabra y el ajo por unos 4 minutos. Agregue los camarones y siga salteando durante unos 3 minutos más. Rescate y reserve sólo los camarones.

Sobre las tostadas ponga hojas de berros y encima de estas los camarones. Por último, espolvoree el perejil.

Camarones envueltos y con salsa de soya dulce (4 personas)

Ingredientes:

½ diente de ajo

1 cucharadita de curry

2 cucharadas de perejil fresco picado

1 clara de huevo

aceite para freír

16 láminas de masa de wantán

16 camarones crudos, pelados, con su cola intacta

papel absorbente

Para la salsa:

1 cucharadita de miel de palma

4 cucharadas de salsa de soya

1 cucharadita de jengibre

Preparación:

Para la salsa, pique el jengibre bien chico y mézclelo con la miel de palma y la soya. Revuelva bien y reserve.

Machaque el ajo e incorpórelo al curry y al perejil fresco picado.

Pinte cada lámina de masa de wantán con clara de huevo y ponga un poquito de la mezcla anterior en el centro. Ponga un camarón encima. Envuelva dejando la cola afuera. Repita la operación con cada uno de los camarones.

Caliente el aceite y fría los camarones envueltos hasta que se doren y estén crujientes. Retire el exceso de aceite con papel absorbente. Sirva con la salsa.

Los camarones en Chile están más trillados que los viajes al Caribe, que ya parece Cartagena. Por ese motivo, hay que tratar de servirlos de una forma novedosa. Esta es una de ellas.

Canapés de camarones bañados en salsa de menta (4 personas)

Ingredientes:

8 camarones grandes
2 panes de molde sin borde
aceite de oliva
hojas de cilantro fresco picado

Para la salsa:

2 cucharadas de cilantro
¾ taza de hojas de menta
1 chalota en cuadritos
4 cucharadas de agua
4 cucharadas de jugo de limón
2 cucharaditas de azúcar
1 cucharadita de ají en polvo
3 cucharadas de sour cream
sal y pimienta

Preparación:

Saltee los camarones en aceite de oliva y cilantro. Corte los panes de molde en cuartos, pinte con aceite de oliva y espolvoree el cilantro fresco picado, tueste hasta dorar.

Para la salsa junte todos los ingredientes y licue hasta mezclar bien, salpimiente a gusto.

Para servir, unte los camarones en la salsa y luego póngalos sobre las tostadas.

Carpaccio de machas (4 personas)

Ingredientes:

2 k de machas frescas
2 cucharadas de queso
    parmesano

2 cucharadas de alcaparras
3 cucharadas de aceite de oliva
5 cucharadas de jugo de limón
sal y pimienta

Preparación:

Lave las machas y elimine todo lo blanco, incluido un nervio que la atraviesa y que tiene feo aspecto.

Pase las lenguas ya limpias por agua caliente (para que se pongan coloradas, más bonitas). Vaya poniéndolas en un plato, en forma circular y con las puntas hacia fuera. Distribuya sobre ellas el queso parmesano fresco, recién rallado en tiras, y las alcaparras. Vierta el jugo de limón, el aceite de oliva y salpimiente.

Para mi gusto, este es el rey de los carpaccios.

Choritos picantes (4 personas)

Ingredientes:

12 choritos maltones
½ cucharada de coco rallado
4 cucharadas de harina
1 cucharadita de sal
1 clara de huevo
2 cucharadas de vino blanco

2 cucharadas de agua
2 cucharaditas de perejil fresco picado
1 ají verde sin pepas y picado en cuadritos
aceite para freír
gajos de limón

Preparación:

Limpie y lave bien los choritos con agua fría y póngalos en una olla. Cuézalos al vapor, hasta que se abran. Escúrralos y sáquelos de la concha. Bote los que no se abran, porque seguramente están malos, ya que estaban muertos antes de cocerlos.

Para la pasta picante, tamice (cuele) la harina y la sal en un bol. Agregue el coco, la clara, el vino blanco y el agua, formando una pasta. Luego incorpore el perejil y el ají.

Caliente el aceite en una sartén grande. Con un tenedor, tome los choritos y báñelos con la salsa picante, luego fría en el aceite hasta que estén dorados.

Sirva caliente, con gajos de limón, para que cada persona lo aliñe a gusto. Si quiere, los puede servir en sus conchas.

Este es un picoteo bien sureño. Mi amigo Jorge Guzmán Anastassiou me los cocinaba en Puyuhuapi cuando iba a visitarlo. Tenía choritos p'al mundo en las costas de su península, la que posteriormente vendió a Douglas Tompkins. Se los ofrecía a los turistas a cambio de un par de pesos, junto a una copa de sauvignon blanc bien helado. Bien, Jorgito, algún día serás director de Turismo.

Ceviche de cochayuyo (4 personas)

Ingredientes:

1 paquete de cochayuyo
2 cebollas moradas cortadas en
  pluma
jugo de cinco limones de pica
aceite de oliva
dos ajíes verdes cortados en
  juliana
½ atado de cilantro picado
sal y pimienta
vinagre

Preparación:

Deje remojando el cochayuyo, una noche antes, en agua con vinagre.
Cuando esté blando, hiérvalo en agua con sal. Córtelo en pequeños
cuadrados y agregue la cebolla morada y el ají. Aliñe con jugo de
limón, aceite de oliva, cilantro, sal y pimienta. Sirva frío.

Cocochas a la vasca (4 personas)

Ingredientes

20 unidades de cocochas
½ taza de aceite de oliva

2 dientes de ajo
sal y pimienta

Preparación:

Ponga el aceite de oliva y el ajo cortado en rodajitas en una sartén. Cuando comience a dorarse ponga el fuego al mínimo y agregue las cocochas rápidamente, pero de a una. Mueva la sartén constantemente, alejándola de la llama para que se haga muy lentamente. La cococha es delgada y se cuece en muy poco tiempo, 5 minutos aproximadamente.

El aceite debe emulsionarse con un líquido que desprende la cococha, formando una salsa blanquisca y espesa. Retire y sirva.

La cococha, o Kokotxa en vasco, es realmente deliciosa. En Chile la conocemos poco pero en España es bocatto di Cardenale. Viene en la cabeza de la merluza. He tenido la grata oportunidad de comerla en Hondarribia, mirando el río Bidasoa, junto a encantadores amigos vascos. En Puerto Montt mi amigo Javier "cojinova" Larrea las prepara de maravillas también.

Crujientes de camarones y pollo apanado en nueces (4 personas)

Ingredientes:

4 trutros cortos de pollo deshuesados y sin piel

100 g de camarones cocidos y pelados

2 chalotas picadas finas

2 cucharadas de perejil fresco picado

1 diente de ajo molido

4 cucharaditas de salsa de ostras

1 huevo batido

6 rebanadas de pan de molde sin bordes

1 taza de nueces molidas

aceite para freír

sal y pimienta

Preparación:

Pique el pollo y los camarones finamente. Agregue la chalota, el perejil, el ajo, el huevo y la salsa de ostras. Salpimiente a gusto y mezcle.

Corte el pan de molde en cuartos y unte en la mezcla preparada. Apane con las nueces molidas y fría cuidadosamente hasta que estén dorados. Escurra con papel absorbente y sirva caliente.

Cuadritos de hojaldre con mango y camarones (4 personas)

Ingredientes:

1 lámina de hojaldre
1 taza de pulpa de mango natural
3 cucharadas de cilantro fresco

12 camarones
aceite de oliva
queso parmesano fresco rallado
sal y pimienta blanca

Preparación:

Sobre la masa de hojaldre esparza la pulpa de mango, espolvoree con el cilantro y luego ponga los camarones previamente aliñados con aceite de oliva, sal y pimienta blanca, y sobre ellos agregue el queso.

Hornee durante 15 minutos o hasta que los camarones estén cocidos. Saque del horno y corte en 8 cuadritos. Sirva caliente.

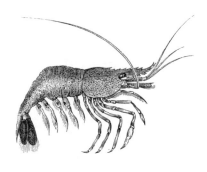

Empanaditas de camarones en masa filo (10 porciones)

Ingredientes:

¼ k de masa filo
1 cucharada de mantequilla derretida

Para el relleno:

15 camarones
1 atado de ciboulette picada fina
1 queso mozzarella fresco rallado
½ taza de crema
1 cucharada de aceite de oliva

Preparación:

Saltee los camarones en aceite de oliva hasta que tomen color rojo. Forme una pasta juntando todos los ingredientes del relleno. Estire la masa filo, píntela con un pincel untado en la mantequilla derretida y córtela en tiras largas. Rellene con la mezcla y envuelva en forma de triángulo. Hornee hasta que la masa se dore. Sirva caliente.

Ostiones al prosciutto (4 personas)

Ingredientes:

8 ostiones grandes
4 cucharadas de queso
   parmesano rallado
2 cucharadas de crema larga
   vida

2 rebanadas de prosciutto
   (jamón serrano)
sal y pimienta

Preparación:

Limpie los ostiones, sacándole las partes negras. Lave las conchas y refriéguelas con una escobilla. Ponga en cada concha el prosciutto picado fino, a modo de cama, y sobre este ubique los ostiones. Agregue la crema (½ cucharada para cada uno). Salpimiente a gusto y agregue el queso parmesano, de preferencia recién rallado (media cucharada para cada uno).

Lleve a horno fuerte por 7 minutos o hasta que se derrita y dore el queso.

Sirva en sus conchas, por supuesto. Son buenísimos. En un cóctel en mi restorán, me pedía repetición el desaparecido, simpático y genial Fabricio Lévera. Descansa en paz, amigo… te lo mereces.

Ostras apanadas con sésamo
y salsa oriental (4 personas)

Ingredientes:

12 ostras
¾ taza de harina
¾ taza de semillas de sésamo
salsa inglesa
jugo de limón
sal y pimienta
aceite para freír
huevos

Para la salsa:

½ taza de soya
3 cucharadas de vinagre
   balsámico
½ taza de vino blanco
1 cucharadita de salsa española

Preparación:

Tome las ostras y déjelas macerar por 15 minutos en jugo de limón, sal, pimienta y unas gotas de salsa inglesa. Aparte, bata los huevos enteros y aliñe con una pizca de sal y pimienta. Pase las ostras por harina y por las semillas de sésamo. Fría en una sartén hasta que el sésamo tome un color café dorado.

Para la salsa, agregue en una sartén la soya, el vinagre balsámico y el vino blanco, deje reducir y finalmente dele el punto con la salsa española.

Benditas ostras. Sin duda que la mejor forma de comerlas es al natural, con unas gotas de jugo de limón fresco y sauvignon blanc frío. Pero dicen que en la variedad está el gusto, así es que la anterior es una rica y diferente manera de comerlas.

Ostras con salsa de oporto (4 personas)

Ingredientes:

8 ostras en su concha
1 taza de oporto
1 cucharadita de jengibre fresco
   rallado

1 cucharada de menta fresca
   picada
1 cucharada de mantequilla
sal y pimienta blanca

Preparación:

Blanquee (pase por agua muy caliente) las ostras y sepárelas de su conchas. Resérvelas.

Para la salsa, reduzca en mantequilla, a fuego lento, el oporto junto al jengibre. Agregue las ostras sólo un minuto para que se calienten y cocinen levemente.

Preséntelas en su concha, agregue una cucharada de salsa y espolvoree sobre ellas la menta picada.

Palitos de atún (4 personas)

Ingredientes:

3 láminas de masa filo
3 cucharadas de mantequilla
   derretida

Para el relleno:

180 g de atún en lata
2 huevos duros pelados y
   picados
1 cucharada de eneldo fresco
   picado
1 tomate chico picado
½ cucharada de pimienta negra
   molida
sal
aceite para freír

Preparación:

Para el relleno junte los huevos y el atún en un bol, mezcle bien, agregue el tomate, el eneldo, la sal y la pimienta.

Ponga las láminas de masa sobre una superficie plana y pinte con la mantequilla. Corte 12 piezas rectangulares poniendo en cada una de ellas una cucharada del relleno, a lo ancho, en la parte superior del rectángulo y enrolle procurando que quede bien compacto.

Caliente el aceite en una sartén y fría. Sirva caliente. También lo puede llevar a horno fuerte por 10 minutos.

Actualmente nos hemos acostumbrado al atún de Isla de Pascua, que es buenísimo; pero el de lata, también lo es. De la forma anterior le quedará muy rico y así el pobre atún enlatado no se sentirá tan pasado a llevar por el gran pez de la hermosa isla de los curiosos moais.

Paté de camarones (4 personas)

Ingredientes:

1 taza de camarones pelados y cocidos

1 cucharada de concentrado de tomate

1 cucharadita de crema de ají

1 cucharadita de jugo de limón

1 cucharada de mayonesa

sal y pimienta

Preparación:

Mezcle todos los ingredientes en una licuadora. Puede servir este paté en tacitas de hojaldre, tostadas aromatizadas, hojas de endibia o varitas de apio.

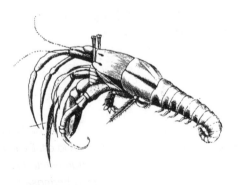

Paté de machas (6 personas)

Ingredientes:

400 g de machas cocidas
1 taza de mayonesa
4 cucharadas de jugo de limón
sal y pimienta

1½ pan de queso crema
4 cucharadas de cebollín picado (sólo la parte verde)
2 cucharadas de alcaparras

Preparación:

Pique finamente las machas y reserve algunas enteras para decorar. En un bol mezcle la mayonesa y el jugo de limón. Agregue sal y pimienta a gusto. Bata el queso crema, agregue la mezcla de la mayonesa y añada el cebollín, las machas y las alcaparras. Mezcle bien y amolde. Refrigere, desmolde y sirva acompañado de tostadas y galletas. Si quiere, puede agregar ají verde.

Picoteo de salmón ahumado (10 personas)

Ingredientes:

500 g de salmón ahumado en
   frío, picado muy fino
1 taza de crema ácida
1 cebolla morada picada
3 cucharadas de ciboulette
   picada

3 cucharadas de nueces
   picadas
1 cucharada rasa de mostaza
   Dijon
sal y pimienta

Preparación:

En un bol junte todos los ingredientes y mezcle bien. Lleve a un molde envuelto en papel aluminio y refrigere por 2 horas. Desmonte en un plato y sirva con tostadas o galletas saladas.

Puyes y almejas a la española (6 personas)

Ingredientes:

250 g de puyes
12 almejas
aceite de oliva
2 dientes de ajo
1 cucharadita de pimentón

1 ají
½ taza de caldo de pescado
12 almendras picadas finas
3 ramitas de perejil picado
sal y pimienta

Preparación:

Limpie los puyes. Machaque los dientes de ajo en un mortero y póngalos sobre el fuego en una paila de greda con el aceite de oliva. Agregue el pimentón removiendo rápidamente para que no se queme (si se quema da un gusto amargo). Cuando empiece a hervir, agregue los puyes y las almejas. Cubra con el caldo. Salpimiente. Hierva durante un minuto, agregue el resto de los ingredientes –almendras y perejil–, hierva un minuto más y retire. Sirva en conchas de almejas.

Terrina fría de merluza y camarones (6 personas)

Ingredientes:

500 g de merluza cortada en tiras

150 g de camarones pelados

2   dientes de ajo, picados

200 g de cebolla en cuadritos

¼ taza de brandy

½ taza de salsa golf

70 g de miga de pan remojada en leche

1   taza de crema

5   huevos

aceite de oliva

bouquet-garni (atado de hierbas frescas)

sal y pimienta

Preparación:

En una sartén con aceite de oliva ponga primero el ajo y la cebolla, luego la merluza y los camarones, flambee con brandy (póngalo sobre la sartén con los ingredientes y prenda). Después agregue la salsa golf, el bouquet-garni y reduzca para que se concentren los sabores. Una vez reducido, saque del fuego y triture agregando el pan humedecido, la crema y los huevos, salpimiente. Ponga en un molde engrasado, cueza a baño maría, enfríe y desmolde. Lo puede servir con galletas saladas, tostadas aromatizadas o en distintos panes.

Tostaditas con camarones
al ajillo (4 personas)

Ingredientes:

24 camarones

aceite de oliva

2 cucharadas de mantequilla

1½ diente de ajo

1 taza de vino blanco

2 anillos de ají cacho de cabra

½ cubo de caldo de gallina

8 tostadas

sal y pimienta

Preparación:

En una sartén ponga la mantequilla y el ajo machacado, el ají y el cubo de caldo de gallina, luego agregue de a poco el vino blanco y reduzca. Si es necesario, agregue un poco más de mantequilla. Una vez lista la salsa, pásela por el colador para dejar fuera los trozos de ajo. Aparte, saltee los camarones en aceite de oliva, alíñelos con una pizca de sal y pimienta, júntelos con la salsa y póngalos de a tres por tostada.

VERDURAS Y QUESOS

Bastoncitos de queso con salsa de arándanos (10 personas)

Ingredientes:

175 g de harina
120 g mantequilla
75 g de queso parmesano
   rallado
sal

Para la salsa:

400 g de arándanos
200 g de azúcar
¼ taza de agua

Preparación:

Prepare la masa en un bol. Cierna la harina, agregue una pizca sal, la mantequilla derretida batiendo y el queso. Forme una masa homogénea. Si quedara muy blanda, refrigere durante 15 minutos antes de usar.

Uslere la masa y forme barritas de 5 cm de largo por 1cm de ancho.

Ponga en una lata de horno enmantequillada. Hornee a fuego medio, hasta dorar.

Para la salsa, ponga al fuego los arándanos (reserve unos pocos para decorar), el azúcar, el agua y deje reducir hasta que comiencen a deshacerse estos frutos. Muela todo y cuele.

Sirva los palitos de queso con la salsa.

Brochetas mediterráneas (4 personas)

Ingredientes:

8 tomates cherry cortados en dos

8 hojas de albahaca

8 pinchos para brochetas de tamaño mediano

8 cubos de queso mozarella

aceite de oliva

orégano fresco

sal y pimienta

Preparación:

Aliñe los tomates con aceite, sal, pimienta y orégano fresco. Marine el queso con aceite de oliva. Para presentar, ponga en los pinchos una mitad de tomate, un cubo de queso, una hoja de albahaca y termine con otra mitad de tomate. Sirva frío.

Champiñón ostra al roquefort con salsa de champaña (4 personas)

Ingredientes:

8 champiñones ostra

2 cucharadas de queso
  roquefort

1 cucharada de mantequilla

1 taza de crema

1 cucharada de coñac

1 paquete de ciboullete

sal y pimienta

Para la salsa:

¼ de cebolla

10 champiñones

1 taza de champaña

1 taza de crema

Preparación:

En una sartén ponga el queso roquefort y muélalo con un tenedor. Agregue la crema y deje reducir. Aparte, saltee los champiñones en un poco de mantequilla y flambee con unas gotas de coñac. Salpimiente. Rellene los champiñones con la salsa roquefort, agregue ciboullete picada encima y gratine por unos minutos.

Para la salsa, sofría la cebolla picada muy fina en una sartén. Agregue los champiñones picados y saltee. Luego incorpore la champaña y deje reducir. Agregue la crema y cocine por cinco minutos. Licue la salsa y pásela por el cedazo.

Sirva los champiñones ostra calientes y bañados en esta exquisita salsa.

Champiñones rellenos (6 personas)

Ingredientes:

12 champiñones grandes
1 tarro de crema chico
½ taza de choclo en granos
3 láminas de tocino

2 cucharadas de albahaca
   fresca picada
½ taza de queso parmesano
   fresco rallado
sal y pimienta blanca

Preparación:

Blanquee (meter y sacar de agua hirviendo) los granos de choclo. Retire los tallos de los champiñones. Corte el tocino en cuadritos y póngalo en una sartén a fuego medio hasta que suelte toda la grasa, luego séquelo con papel absorbente. Reserve.

Ponga la crema a fuego medio e incorpore los choclos durante 15 minutos, sin hervir.

Junte el tocino con la mezcla anterior y agregue la albahaca. Salpimiente a gusto.

Rellene las cabezas de los champiñones con la mezcla y espolvoree con el queso parmesano fresco. Gratine y sirva caliente.

Los champiñones tienen mil formas de rellenarse. Elija la suya y lúzcase con sus amigos. Algunos productos para hacerlo son: quesos, mariscos, carnes blancas molidas, vegetales y ajíes suaves.

Champiñones rellenos con almendras (4 personas)

Ingredientes:

15 almendras
¼ taza de azúcar
100 g de queso roquefort
1 taza de salsa blanca

12 cabezas de champiñones grandes
3 cucharadas de queso parmesano recién rallado

Preparación:

Ponga el azúcar a fuego medio hasta que se forme un caramelo. Agregue las almendras y retire del fuego. Revuelva hasta que se enfríe. Una vez frías las almendras, muélalas junto al caramelo, con la ayuda de una procesadora. Reserve.

En un bol, forme una pasta con el queso roquefort, las almendras ya molidas y la salsa blanca. Rellene los champiñones con esta pasta y sobre ella espolvoree el queso parmesano. Lleve a horno fuerte por unos 5 minutos, gratine y sirva.

Champiñones tropicales (4 personas)

Ingredientes:

4   conchas de ostiones
8   champiñones cortados en
    cuartos
½   taza de jugo de naranja
½   taza de jugo de limón

1   cucharada de perejil picado
    fino
½   taza de cebolla morada
    picada en cubitos
ciboulette para decorar
sal y pimienta

Preparación:

Mezcle todos los ingredientes en un bol y deje marinar por 20 minutos. Ponga una cucharada de la mezcla en cada concha. Corte la
ciboulette en bastones de 3 cm aproximadamente y ponga dos en
cada porción. Sirva frío.

Champiñones vegetarianos (4 personas)

Ingredientes:

12 champiñones grandes

1 puerro

1 zanahoria

1 tallo de apio

100 g de queso tofu

1 cucharada de aceite de oliva

150 g de pan rallado

1 zapallo italiano chico

1 cucharada de concentrado de tomates

3 cucharadas de albahaca fresca, picada

sal y pimienta

Preparación:

Saque el tallo a los champiñones y reserve las cabezas. Caliente el aceite en un wok y saltee en él los tallos de los champiñones, el puerro, el zapallo italiano, el apio y la zanahoria picados en cuadritos, durante 5 minutos. Luego agregue la albahaca, el pan rallado, el concentrado de tomates y salpimiente a gusto. Rellene los champiñones con las verduras y espolvoree con el queso tofu rallado.

Ponga los champiñones en una budinera. Lleve a horno fuerte, precalentado, hasta dorar el queso. Sirva caliente.

Crujiente de queso al cilantro (4 personas)

Ingredientes:

1 queso camembert
1 huevo
¼ taza de harina
1 paquete de semillas de
  cilantro
½ taza de corn flakes

8 láminas de pan de molde sin
  bordes
1 diente de ajo
1 cucharada de mantequilla
aceite para freír
sal

Preparación:

Tome el queso entero y pártalo en dos. Pase cada una de las partes por harina y luego por huevo batido previamente aliñado con sal. Lùego tome una de las mitades y cúbrala con cornflakes y las semillas de cilantro. Fría el queso en aceite caliente hasta que tomen color los cereales y las semillas. Unte los panes de molde en mantequilla con ajo y tuéstelos en el gratinador.

Crujiente de queso camembert

Ingredientes:

1 queso camembert
1 huevo
1 taza de harina
12 nueces

½ litro de aceite
3 cucharadas de soya
1 cucharada de mermelada de guinda
sal y pimienta

Preparación:

Pase el queso entero por la harina, luego por el huevo ya batido y salpimentado y finalmente por las nueces ya molidas.

Fría en el aceite muy caliente hasta que se dore. Incorpore la soya a la mermelada y sobre esa cama, ponga el queso rodeado de tostadas, las que cada comensal debe prepararse a su gusto.

Esta es una forma diferente y rica de servir el camembert, que tradicionalmente comemos en presentación natural. A final de cuentas, la rutina en el comer también aburre.

Guacamole (4 personas)

Ingredientes:

2 paltas maduras peladas

1 cucharadita de jugo de limón

1 tomate mediano pelado y en cuadritos

½ cucharadita de rocoto

1 cucharada de cebolla en cuadritos y amortiguada

sal y pimienta

1 diente de ajo molido (opcional)

Preparación:

Muela la palta en un bol y agregue el jugo de limón, el tomate, el rocoto, la cebolla y el ajo (si quiere). Mezcle bien y sazone con sal y pimienta.

Sirva con panes, galletas y tostadas para que cada uno elija con qué prefiere comerse el rico guacamole mexicano. El ajo no lo recomiendo mucho, ya que está crudo, por lo tanto se queda "con usted" un par de días, al menos. Si está pololeando, mejor olvídelo o se quedará sin polola.

Huevitos de codorniz apanados con salsa de ricotta (4 personas)

Ingredientes:

12 huevitos de codorniz cocidos

1 taza de harina

2 huevos semibatidos

1 taza de nueces molidas

aceite para freír

papel absorbente

sal y pimienta

Para la salsa:

½ taza de ricotta

½ taza de sour cream

1 ramo de ciboulette picada

Preparación:

Una vez cocidos los huevos, pélelos y páselos por harina, luego por los huevos semibatidos (salpimentados) y, por último, por las nueces molidas. Fría y ponga en papel absorbente para retirar el aceite.

Para la salsa, mezcle la ricotta con la sour cream hasta formar una pasta homogénea y agregue la ciboulette. Sirva frío.

Mini quiche de espárragos (4 personas)

Ingredientes:

8   tacitas de masa de hojas
2   cucharadas de mantequilla
1   chalota picada fina
1   diente de ajo

250 g de espárragos en trozos
3   huevos semibatidos
½   taza de crema
3   cucharadas de queso
     parmesano fresco rallado

Preparación:

En una sartén derrita la mantequilla, agregue el ajo y la chalota. Saltee.

Agregue los espárragos y cocine hasta que estos tomen un color verde brillante, retire del fuego y deje enfriar.

En un bol, mezcle la crema, los huevos y el queso. Incorpore los espárragos picados finos. Rellene las tacitas con la mezcla y hornee hasta dorar.

Mini quiche lorraine (4 personas)

Ingredientes:

12 tacitas de hojaldre
1 taza de crema
½ taza de leche
3 huevos

4 lonjas de tocino
½ taza de queso gruyère
papel absorbente
sal y pimienta

Preparación:

Una la crema, la leche y los huevos, salpimentando a gusto. Reserve.

Corte el queso y el tocino en cuadritos. Ponga este último en una sartén a fuego medio, hasta que suelte toda la grasa. Seque con papel absorbente.

En un bol, junte todos los ingredientes, salpimentando nuevamente a gusto. Rellene con esta mezcla las tacitas de hojaldre y lleve al horno previamente calentado a 180ºC. Hornee por 15 minutos. Sirva caliente.

Pan relleno (8 personas)

Ingredientes:

1   pan redondo grande
ahuecado
2   cebollines enteros picados
½ taza de hierbas mixtas frescas
(perejil, albahaca, cilantro,
etc.)
3   cucharadas de mantequilla
2   cucharadas de harina
¾ taza de leche

½ taza crema
1   pan de queso crema
400 g de queso rallado (gruyère,
chanco, roquefort, gauda, un
poco de cada uno)
1   cucharada de jerez
1   gota de salsa inglesa
alusa foil
sal y pimienta

Preparación:

Ahueque el pan cortando la parte superior y sacando las migas. Sofría el cebollín en la mantequilla junto al jerez y la salsa inglesa. Agregue la harina, la leche, las hierbas y los quesos. Una vez derretidos los quesos, retire todo del fuego. Rellene el pan, tape con alusa foil y lleve al horno hasta que esté bien caliente.

Sirva en un plato o bandeja grande rodeado de distintos panes, galletas saladas, maní, almendras y pistachos.

Una vez comido el relleno, se puede disfrutar también del pan, que ya está pasado con los quesos y hierbas, y por lo tanto es muy sabroso.

Pasta de queso en pan de centeno (4 personas)

Ingredientes:

1 cucharadita de romero

2 cucharaditas de albahaca

8 cucharadas de tomate en cuadritos

4 rebanadas de pan de centeno

1 taza de queso cottage

sal y pimienta

Preparación:

Muela el queso con un tenedor y únalo con el romero, la albahaca y los tomates en un bol. Salpimiente a gusto. Unte esta pasta sobre las rebanadas de pan y hornee hasta dorar. Sirva caliente.

Pasta de roquefort en hojas
de endibia (4 personas)

Ingredientes:

8 hojas de endibia lavadas

100 g de queso roquefort

1 cucharadita de eneldo

½ taza de castañas de cajú
  picadas

100 g de queso crema

1 paquete de ciboulette

1 cucharadita de whisky

Preparación:

Muela y junte los quesos con un tenedor. Agregue el eneldo, las castañas de cajú, el whisky y la ciboulette picado fina.

Distribuya la mezcla sobre las hojas de endibias y sirva.

Pimiento asado

Ingredientes:

1 pimiento morrón
aceite de oliva
1 diente de ajo

hierbas frescas
pimienta
tostadas

Preparación:

En el quemador de su cocina ponga el pimiento directamente sobre el fuego hasta que carbonice la piel, que debe retirar cuidadosamente bajo el agua de la llave helada. Córtelo en dos y saque las semillas. En un frasco ponga aceite de oliva, las hierbas, el diente de ajo, la pimienta y el pimiento frío. Prepare dos días antes de consumir para dar más sabor al morrón. Córtelo dependiendo de cómo quiera presentarlo y sírvalo en tostadas.

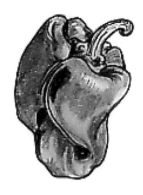

Pinchos de aceitunas, tomates cherry y queso de cabra (4 personas)

Ingredientes:

8 tomates cherry
500 g de queso de cabra
aceite de oliva
orégano fresco
24 aceitunas de su gusto
sal y pimienta
8 pinchos medianos

Para la salsa:

1 cucharada de orégano fresco
½ taza de crema ácida

Preparación:

Corte los tomates cherry en dos y marine con aceite de oliva, orégano fresco, sal y pimienta. Corte el queso de cabra 16 cuadrados.

Para la salsa, mezcle el orégano con la crema ácida. Forme los pinchos, alternando una mitad de tomate, una aceituna y queso de cabra, hasta completar. Sirva, acompañado de la salsa.

Profiteroles en salsa de queso (4 personas)

Ingredientes:

1 taza de agua fría
4 cucharadas de mantequilla
4 huevos ligeramente batidos
1 pizca de sal
dora (huevo batido)
pimienta blanca
1 taza de harina

Para la salsa:

1 taza de harina
½ taza de mantequilla
2 tazas de leche
nuez moscada en polvo
1 taza de queso azul rallado o
   picado
sal y pimienta blanca en polvo

Preparación:

Ponga en una olla el agua, la mantequilla, la sal y la pimienta blanca a gusto. Lleve a fuego medio hasta que se derrita la mantequilla. Retire y agregue la harina tamizada de un golpe, revolviendo enérgicamente con una cuchara de madera hasta formar una pasta. Lleve ahora a fuego suave y revuelva constantemente hasta que la masa se desprenda de los bordes de la olla. Saque del fuego y agregue los huevos lentamente sin dejar de revolver. Continúe batiendo, hasta que la masa se desprenda de la cuchara.

Una vez lista, póngala en una manga con boquilla ancha y lisa y forme repollos sobre papel mantequilla. Pinte con el dora.

Hornee a 180ºC durante 20 minutos o hasta que estén dorados. Sáquelos y déjelos enfriar.

Para la salsa, derrita la mantequilla en una olla y agregue la harina y la leche revolviendo con un batidor manual. Deje reducir a fuego medio revolviendo de vez en cuando para que no se formen grumos. Agregue pimienta blanca, sal y nuez moscada a gusto. Una vez espesada, agregue el queso azul picado o rallado para que se disuelva más rápidamente. Retire.

Ponga los profiteroles con pinchos, para untar en la salsa de queso.

Rollitos de queso crema

Ingredientes:

½ pan de queso crema
1 tarro de pimentón rojo
    cortado en juliana
espinacas blanqueadas y
    picadas
1 zanahoria en juliana
semillas de sésamo negro
palta cortada en gajos
lechuga picada
salmón ahumado laminado
ciboulette entera
alusa plas

Para las tostadas aromatizadas:
pan baguette
aceite de oliva
hierbas

Preparación:

Estire el queso crema con ayuda de alusa plas. Forme un cuadrado.

Rellene con los ingredientes en el mismo orden de la receta y enrolle con la ayuda de una esterilla. Cubra la parte exterior para dar color, puede hacerlo con ciboullete, nueces, almendras o pistachos molidos. Corte y sirva con las tostaditas aromatizadas.

Terrina de berenjenas en vinagreta balsámica con maní (6 personas)

Ingredientes:

1 k de berenjenas peladas y cortadas en bastones

300 g de cebolla cortada en pluma

150 g de puerro cortado en tiras

5 huevos

1½ taza de crema

150 g de mantequilla

whisky

sal y pimienta

Para la vinagreta:

aceite de oliva

mostaza

vinagre balsámico

salsa de soya

maní molido

sal y pimienta blanca

Preparación:

Ponga en una sartén la mantequilla, derrítala y agregue la cebolla, el puerro y las berenjenas. Cocine hasta evaporar la humedad, flambee con el whisky y saque del fuego. Agregue los huevos y triture, incorpore la crema y salpimiente a gusto.

Engrase un molde y rellene con la crema de berenjenas, cocine a baño maría durante 30 minutos aproximadamente.

Para la vinagreta mezcle y emulsione todos los ingredientes. Sirva la terrina en el plato o bandeja que desee y bañe con la vinagreta, acompañe con tostaditas o galletas saladas, también se puede ofrecer usar como entrada.

Tomates cherry rellenos (4 personas)

Ingredientes:

8 tomates cherry

¾ taza de ricotta

3 cucharadas de albahaca
fresca picada

2 cucharadas de nueces
molidas

sal y pimienta

Preparación:

Corte la parte superior de los tomates y ahueque votando las semillas.

En un bol junte la ricotta, la albahaca y las nueces. Salpimiente a gusto.

Rellene los tomates con la mezcla anterior. Sirva.

Índice de tragos

CACHAZA

CHAMPAÑA

GIN

PISCO

RON

TEQUILA

VINOS

VODKA

Índice de picoteos

CARNES

MARISCOS Y PESCADOS

VERDURAS Y QUESOS